Lexikon

SÜDTIROLERISCH-
DEUTSCH

Lexikon

SÜDTIROLERISCH-DEUTSCH

Wörterbuch und Übersetzungshilfe für
Fremde, Touristen und Zugereiste

ausgewählt und mit Zeichnungen
von
Hanspeter Demetz

3. überarbeitete und erweiterte Ausgabe

Edition Raetia

Meinen Freunden

Südtirol ist das südlichste Land deutscher Zunge, durch den Zug der Alpen getrennt vom restlichen deutschen Sprachraum und satt eingebettet im Oberschenkel von „Bella Italia“, wenn Sie so wollen, eine Insel. Trotz der gewaltsamen Versuche des Faschismus, das Deutschtum und seine Sprache hierzulande auszumerzen, haben tirolerische Sturheit und Heimatliebe Muttersprache und Kultur erhalten, ja, es ist sogar die Situation eingetreten, dass auch Italiener, die hier etwas werden wollen, des Deutschen mächtig sein müssen.
Freilich, lange Jahrzehnte der Isolation, der hautnahe Kontakt mit Italien und nicht zuletzt der Fremdenverkehr haben Einfluss auf das Südtiroler Deutsch genommen, es ist zu Verballhornungen gekommen, zu entlehnten Wörtern, zu Mischformen. Puristen mag es schaudern, aber die Lebendigkeit einer Sprache ist eben auch dies. Mundart ist die Sprache der Seele, sie ist manchmal grob, dann wieder zärtlich und lieb, oft sehr direkt, ab und zu despektierlich und ohne lange Umschweife. Eines aber ist sie immer: echt!
Dort, wo die Schriftsprache spröde, prüde oder einfallslos wird, blüht die Mundart: Es gibt eine Unzahl von Ausdrücken fürs Trinken, für die daraus folgenden Rauschzustände, der Sex kommt tabulos zu seinem Spaß, und kompliziertere zwischenmenschliche Beziehungen wie z.B. Raufhändel und Prügeleien sowie alle Arten des Betruges werden direkt und lautmalerisch bezeichnet. Mundart ist

die Vulgärsprache, „vulgär“ aber hat nichts mit Unanständigkeit zu tun, denn es leitet sich von „vulgus“ ab, und das heißt auf gut Lateinisch nichts anderes als „Volk“.
Unanständig ist, wenn schon, die Hochsprache, Kriegserklärungen und Todesurteile werden in ihr verfasst, dazu ist sich jede Mundart viel zu fein.
Vorliegendes Idiotikon des Südtirolerischen ist kein wissenschaftliches Werk. Es ist ein Streifzug durch unser Sprachgut, es stammt aus dem eigenen Wortschatz, Aufgeschnapptem auf Straßen und in Wirtshäusern, aus dem Jargon der Jugend sowie aus den vielen Zuspielungen von Freunden und Bekannten, denen ich herzlich vergelt's-Gott-in-Himml-aun sage.
Wie gesagt, keine wissenschaftliche Arbeit, dieses Wörterbuch, geschrieben, wie man's spricht, in manchen Gegenden vielleicht wieder anders, keinesfalls vollständig, etwas kribeskrabes eben, so wie Mundart ist. Allzu Spezielles wurde weggelassen, ebenso Wörter, die nur die eine oder andere Lautverschiebung verschlafen haben, wie z.B. Sòaf für Seife, Zùig für Zeug. Hinweise auf die sprachliche Wurzel, wie ital. für das Italienische, ydd. für das Jiddische, aö. für das Altösterreichische, lad. für Wörter mit ladinischer Sprachwurzel und fr. für jene französischer Abstammung sowie das Geschlecht erleichtern das Verständnis.
Die Schreibweise ist gebrauchsfertig, man könnte es meist auch anders schreiben, die Mundart schert sich nicht um solche Feinheiten, tun Sie's auch nicht.
Und stoßen Sie sich nicht an Ausdrücken, die in der Hoch-

sprache ordinär klingen würden oder beleidigend, sie zu vertuschen wäre Unrecht an der Mundart und an dem Volk, das sie spricht.

Hanspeter Demetz
Völs am Schlern, im Sommer 1996

Vorwort zur 2. Auflage

Der große Erfolg der ersten Auflage dieses Wörterbüchleins kam für mich völlig überraschend und der Wirbel, der sein Erscheinen begleitet hat, ebenso.
Gefreut haben mich die vielen Zuschriften mit Ergänzungen und Ratschlägen, rund 1.200 neue Ausdrücke sind dazugekommen, allen „Einsagern" und Einsendern gilt mein herzlicher Dank.
Es gab sehr wohl auch Kritiker, sie dürften jedoch mein Vorwort zur ersten Auflage nicht gelesen haben. Ich darf mich wiederholen: Es ist kein Werk mit dem Anspruch auf Wissenschaftlichkeit und Vollständigkeit, und bei der Schreibweise habe ich absichtlich auf die phonetische verzichtet, sie nimmt den Wörtern Lesbarkeit und Authentizität, außerdem unterscheidet sich die Aussprache ohnehin von Tal zu Tal.
Was das „Ordinäre" gewisser Ausdrücke angeht, so kann ich es nicht wegleugnen, doch bin ich weder Zensor noch Erzieher, und außerdem stört es mich in keiner Weise. Während die Hochsprache einer strengen und etwas zickigen Tante ähnelt, die ohne große Leidenschaften und Laster ihr Leben in wohlgeordneten Bahnen und unter den gestrengen Blicken ihres Großonkels Prof. Konrad Duden dahinlebt, ist die Mundart eben ein >„Flitscherl", das sich um den guten Ton einen Dreck schert, sich nimmt, was es gerade braucht und mit jedem eine Affäre hat, der ihm passt, gerade deshalb aber auch lustiger und ursprünglicher sein Dasein genießt.

Ich bin auch nicht für die vielen Italianismen verantwortlich, auch sie sind Realität: Wenn Sie hierzulande von einem „Entlassungsschein" reden statt von einem >„Kondschedo", so glaubt ein jeder, man hätte Sie gerade aus einer psychiatrischen Klinik oder ähnlichen Einrichtung, aber nicht vom Militärdienst entlassen.

Einiges wurde auf Leserwunsch hin umgestellt: So ist jetzt z.B. die ganze Wortgruppe um den „ Årsch" griffbereit unter „Ò" untergebracht worden.

Mit dem Hinweis, dass es auch ernsthafte Wörterbücher gibt, wünsche ich Ihnen bei der Lektüre des vorliegenden weiterhin viel Vergnügen.

Hanspeter Demetz
Völs am Schlern, im Sommer 1997

Vorwort zur 3. Auflage

Es ist nun doch schon 12 Jahre her, dass die erste Auflage dieses „Lexikons“ erschienen ist. Viel ist passiert, viel Wasser Eisack, Etsch und Rienz hinuntergeronnen, viel Wandel in Stadt und Land geschehen.
Unser Südtiroler Dialekt hat inzwischen – wohl wegen der Kürze und grammatikfreier Bequemlichkeit – Einzug in die elektronischen Medien, E-Mail und SMS, gehalten (gschrim werd wia gred). Gleichzeitig wird die Hochsprache zunehmend anglisiert, gewisse Fachjargons versteht man auf Deutsch fast nicht mehr.
So bleibt mein Ansinnen aufrecht, einen Teil der Südtiroler Mund-Art auf meine Art aufzuzeichnen, ich kann mir dabei aber nicht den Ratschlag verkneifen: Lernt's Daitsch! … Und dann von mir aus auch Walsch, Ladin Dolomitan, Englisch, Isländisch, Südossetisch und was man halt so braucht.

Mit herzlichem Dank allen Einsagern wünsch ich noch viel Vergnügen.

Hanspeter Demetz
Völs am Schlern, im Herbst 2008

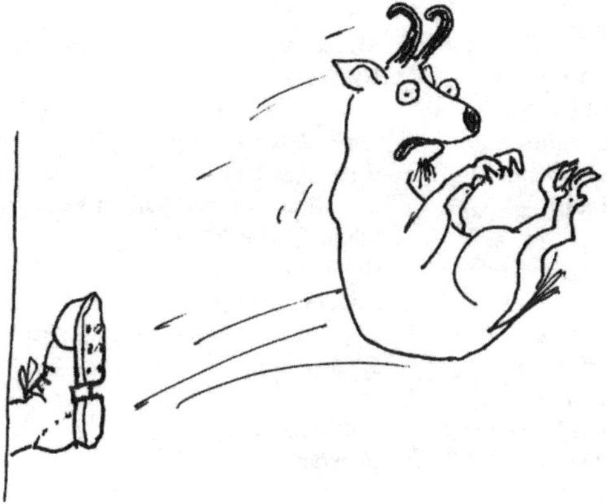

... åber jetzat låss giahn die Goaß!

... so lasst uns denn beginnen!

*Dass A **agràtt** **a**ls Èrschts muss stìen,*
kånn jeder Åff sogår verstien

A (Å)

a	ein, auch
Àchtele *s.*	Mindestweinmenge für Singles
Åckerhottl *w.*	Feldkröte
Àdabei *m.*	Gesellschaftslöwe, Möchtegern
Adunàta *w.*	*milit.* Versammlung
Advokàt *m.*	Rechtsanwalt
aeiòu!	ach ja! im hinteren Sarntal mit allen Vokalen
Åff, lackierter *m.*	Snob, affektierter Mensch, Schönling, ö. Stenz
Affàr *m.*	*ital.* lohnendes Geschäft, Reibach
Affission *w.*	Begeisterung
Åffn *m.*	Rausch
Åffnkasten *m.*	Fernsehapparat
afnòcht	abends
afòra	draußen
àfter	nach
ahìe	*hier* im Vintschgau
aifèrri	*ital.* vom Rost, *„bringmer a Schnitzele aifèrri!"* od. kontrahiert: *„bringmer a ferri Schnitzele!"*
Aigl måchen	zuzwinkern
àini	hinein, **àiner!** herein!
àinischlìefn	hineinschlüpfen

Air Alps *w.* Kunstflugstaffel Südtirols, Spezialität: Trudeln

Àiser *m.* abgeböschter Teil der Rebanlage

Aiùt alpin *m.* Bergrettung der ladinischen Dolomitentäler und Identifikationsmerkmal der >*Ladiner*

akràt genau, plötzlich, gerade recht

aldènte *ital.* bissfest, so sollen die Spaghetti sein und nicht >*låtschet*

Alkohol *m.* Viele Südtiroler haben ein Problem damit, noch mehr ohne ihn

ålleput, ålleweil immer, gerade jetzt

allòanig allein, einsam

ålm immer

almeno mindestens

Alpenglühen *s.* Hintergrundpanorama für den „Musikantenstadl" o.ä. volksdümmliche Musiksendungen

àltelen ältlich aussehen, nicht mehr ganz frisch scheinen

Àlto Àdidsche *ital.* wörtl. „Hoch-Etsch", von den Faschisten übernommene Bezeichnung aus napoleonischer Zeit für Südtirol *(Haute Adige);* italienische Tageszeitung

amànca *ital.* wenigstens

Amàro *m.* *ital.* Magenbitter

amènt vielleicht

amèrscht ohnehin, zuerst, zu früherer Zeit

a mìgala	ein wenig
amòl	einmal, einst
Åmt *s.*	Hauptgottesdienst
an Acht gebn	Aufmerksamkeit schenken
ANAS *w.*	staatliche Straßenverwaltung, hält Löcher mit Asphalt zusammen
ånderscht werdn	bang werden
ånderte, jeder å.	jeder Zweite
Andreas-Hofer-Hochzeit *w.*	Höchste-Eisenbahn-Hochzeit, getreu *A.H.s* Ausspruch *„Mander, 's isch Zeit!"*
Angalòtti *m.*	*ital.* sauer eingelegter Aal
Àngerle *s.*	Grundstück, kleiner Acker
anìadr	jedermann
ànte tìen	schmerzen, entbehren
Antlaståg *m.*	Gründonnerstag
Àntn *w.*	Ente
àntrisch	unheimlich
anzi	*ital.* im Gegenteil
Anzn	Teil vom Pferdegeschirr
Àpe *w.*	*ital.* dreirädriger Motorkarren
åper	schneefrei
a pòschto	*ital.* in Ordnung
appaltieren	*ital.* Zuschlag erteilen, **appàlto** *m.* Zuschlag. Ein Gemeinderat forderte den zuständigen Assessor auf, die Arbeiten so bald als möglich zu *appaltieren*

Appuntàto *m.* — *ital.* niederster Mannschaftsrang bei den Karabinieri, Hauptdarsteller in K.-Witzen, z.B. *Appuntatoprüfung: zwei Stunden zum Fenster hinausschauen und an nix denken*

Arantschàta *w.* — *ital.* Sprudelorangeade

Àri *w.* — Benehmen, Art; *„isch des èpper an Àri?“*

Årm *m.* — Kragholz der >*Pergl*

Àrwes *w.* — Erbsen

Aschpettatiwa *w.* — *ital.* Vorruhestand

a-sò-a — solch ein, *a-sò-a schìens Bìebele!* so ein schönes Kind!, *a-sò-a >Låpp!* so ein Dummer!, *a-sò isch-es!* so verhält es sich also!

asunter — aus dem Weg (gehen), untendurch

a tìa — ein wenig, hie und da

Attendente *m.* — *ital. milit.* Pfeifendeckel, Stiefelknecht (ausgestorben)

attènti, aufm a. stìen — *ital.* Habtachtstellung einnehmen, Respekt bezeugen

àttimo, an — *ital.* ein Augenblick

Atzwang — nach einem lebenden Politiker benannte Ortschaft im Eisacktal, *ital.* **Campodazzo** Zigeunerlager (in Anspielung an den Ausspruch desselben Politikers: „Die Zigeuner gehörten alle …“)

àu, àu- — auf, Vorsilbe auf-

àubleckn aufdecken, die Karten a.

àudeitschn aufklären, deutlich machen

audràhnen aufdrehen, sich aufregen

àuer herauf, *„Àuer >òin und àuer"* runter nach Auer (fahren) und zurück

auerguetelen aufstoßen. Nach Wurstgenuß auch **auerwurschtelen**

àufihrn, eppes etwas anstellen

aufnåcht abends

àugàsn sich aufregen, aufdrehen

Augengläser *w. Mz.* Brillen

àugezanzlt aufgeputzt, aufgetakelt, auch **àuge-taggelt**

àugfriern auftauen

àughåltn aufbewahren, verwahren

àughien sprießen

àugiehn låssn Stimmung aufkommen lassen, alles Geld verpulvern

àugleg sein gut gestimmt sein, Lust auf etwas haben; *„'sauglegge Spiel"*, eine geritzte Sache

àugutschlen aufgeilen, aufstacheln, aufkitzeln

Àugwärmter *m.* reaktivierter Rauschzustand, der mittels erneuten Alkoholgenusses drohende Nüchternheit verhindert

àuhausn, Pleite machen, auch **àuschnåppen**

àuheben aufbewahren, auch **aukåltn**

àuhuckn aufsitzen

àui, àun, àuffi hinauf

àuidividiern	dazurechnen
àuikètschn	*engl. to ketch* draufhauen, Jugendjargon *„ketsch mir an Ketschup und a Maio auf die Pommes àui!“*
àuisteign	erklimmen
àuistreichen, oane	Ohrfeige verabreichen
àukastln	aufstapeln
àuklaubn	aufheben
aukròchn	Bankrott machen
àulegn	beladen (beim Kartenspiel: **augleg**)
àuluggn	aufdecken, öffnen
àulousn	zuhören
àumandln	sich auflehnen
àupleckn	Karten aufdecken
àureißn	anmachen, Bekanntschaft machen (euphem.)
àuroglen	aufrühren, auflockern z.B. *Erde*
àuschnåppn	in Konkurs gehen
àuschnölln	nicht mehr können (beim Essen z.B.)
àuschraufn	aufdrehen, aufschrauben
àufisln	enthülsen z.B. Erbsen, Bohnen u.Ä. auch **ausschòadlen**
àusfratschlen	ausfragen, ausforschen
àusgaistern	sterben, in den letzten Zuckungen liegen
àusgråsn	Seitensprünge durchführen, ehebrechen
àusgschamt	unverschämt, schamlos
àusgschissen håbn	verloren, vertan haben

àusgspèist	*engl. spaced out* ausgeflippt im Jugendjargon
àushängen	stehlen
auskèmmen	entgleiten, entwischen, zurechtkommen
àuskopfn	ausdenken, planen
àusleasn	entkernen, Fleisch vom Knochen trennen, Kaution zahlen
àuspanlen	Bretter zu Bretterkästen aufstapeln
àusrichtn	mitteilen, jmdn. schlecht machen
àussackln	ausnehmen, berauben
àusschaugn	aussehen
àusschlanggern	ausschütteln
àusschmeckn	auszählen, bestimmen
àusschnåpsn	ausmachen
àußer	heraus, *„tue ihn außer!"* zeig her!
außerzàssern	hervorzerren, herauszupfen
àußetdrauß	im Freien, an der frischen Luft
àußi	hinaus
àußikeiln	hinauswerfen
àußipalandern	hinausbefördern
àußischaibn	ausrutschen, ausgleiten
àusstelln	ausweichen
àusstrebn	Ausbreiten des gemähten Grases
Àuswertiger *m.*	Fremder, Ausländer *„auf dr gånzn Welt gibt's viel z' viel Auswertige!"*
àutìen	öffnen, aufmachen, entjungfern
Àutobiechl *s.*	Fahrzeugschein
Autonomie *w.*	das Recht, sich selbst fertigzumachen

ausgråsn

Autr *w.* — Euter

àuzìechn — *jmdn.* verspotten, provozieren

avànti — *ital.* vorwärts

AVS *m.* — Alpenverein Südtirol, es gibt auch den italienischen CAI - Club Alpino Italiano; „*Langkofel*“ sagen die Ersten, „*Sassolungo*“ die Zweiten, dem *lad.* **Saslong** ist es wurscht.

awèg — weg, fern, **awègtien** entfernen, beiseite schaffen

awia, awien — ein wenig

àwich — störrisch, trotzig, verkehrt; **àwich** und **gèwich** verkehrte und glatte Strickmasche

Azzùrri *m. Mz.* — *ital. wörtl.* die Blauen, ital. sportl. Nationalmannschaft

*Es geaht dahin, die Zeit fürs **A** verrinnt,*
*mit **B** an jeder **b**lede (**B**)Arsch im Wåsser schwimmt*

B (P)

Baaz *m.*	klebriger Batzen
Babarìtzlen *w.*	Berberitze, Essigdorn
bàchelewårm	lauwarm
Båchgrott	Kehrschaufel
båchn	backen
Badiòt *m.*	Einwohner des ladinischen Gadertales - Val Badia
Badl *s.*	Kurbad
bafier	zuäußerst
Bagàsch *w.*	*fr.* Lumpenpack
Bahnl *s.*	Seil- oder Schmalspurbahn
Baia *w.* **Baidn** *w. Mz.*	Biene, Bienen
Baichl *s.*	Bauch bei Schwangeren
bàidergöt	beinahe, fast
bàikn	*engl. to bike* berg>*radeln*
bàitlen	schütteln, rütteln, **Baitler** *m.* Rüttler
Bàitlschneider *m.*	Halsabschneider, Wucherer
Bakkàn *m.*	*ital./lad.* Bauernrüpel, Mensch ohne Manieren
balàfig	ungefähr
bål	bald, wenn

Balantschin *m.*	*lad.* auskragender Heustadelteil
bålègget	verzogen
Bàlla *w.*	*ital.* Rausch, Unwahrheit;
Bàlle *w. Mz.*	*ital.* Bälle, Hoden. *Geah mir net auf die B.!* Wenden Sie sich bitte an eine andere Stelle
Ballòn *m.*	*ital.* Riesenrausch (Steigerungsform von *Balla*)
Bam *m.*	Baum, Balken
Bambårt *m.*	Baumflechte
Bàmhackl *m.*	rissige Haut, *„Klüft auf die Händ"*
Bamöl *s.*	Olivenöl
Bàmpecker *m.*	Specht
Bamschabl *m.*	Obergescheiter
ban	bei
banånd	beisammen
Bananensüppl *s.*	Essen für Zahnlose
Bananlen	Geld; **Bananlenprozess,** Zivilrechtsprozess, bei dem es um Geld geht
Banco *m.*	*ital.* Theke, Tresen, >*Budl*
Bär *m.*	Eber
Bar *w.*	*ital.* Tagescafé
Barbl	Barbara
Bärendreck *m.*	Lakritze
bärig	toll
Barist *m.*	*ital.* Barman
Bårt *m.*	Kinn
Bartl	Bartholomäus

Basl *s.*	Tante
Baslakùn *s.*	Basilikum
bàsta!	*ital.* jetzt reicht's aber!
Battardi *w. Mz.*	*ital.* Knallfrösche
Battrìe *w.*	Kopf, Schädel, *oan auf die B. geben,* jmdm. eine herunterhauen, *hoaße B.* heißblütiges Mädchen
Battrielåmp *w.*	Taschenlampe
Bàtzele, *s.* **a B.**	ein klein wenig, Häuflein
Bàuchrìebler *m.*	> *Lento*
Bauernmozzarella *w.*	landschaftsverschönernde, in weiße Plastikplanen verpackte Heuballen
Bauernsmoking *m.*	Steireranzug
BBT *m.*	Brennerbasistunnel. Wird es möglich machen, dass auch Südtiroler durch die Röhre gucken können
bèas	böse
Bèatig *m.*	Wehleid
Beisl *s.*	kleine Gastwirtschaft
Beiß *w.*	Juckreiz, **beißen** jucken
Beißwurm *m.*	Schlange
Beitl *m.*	Sack, Hoden, Nichtsnutz
bekèmmen	begegnen, erhalten, *puster.* **mitebekemmen**
bekirnen, si	sich verschlucken
bèmsn	drängen
Bènedikter, Armin	Sprühdosenneu- und -erotiker, national bekannt durch Besprühen

nackten Fleisches auf Werbeflächen, Theologiestudent *(Gott fürchtet niemand!)*

Bergeisen, *s.* Spitzhacke

Bergjud *m.* Rätoromane, >*Grödner, „wenn zu a Geld kemmen willsch, muasch an Grödner >òschlågn!"* Deutschsüdtiroler Weisheit

Bèrgler *m.* Bergbewohner

bèschtia! *ital.* Urvieh!, hoppla!

Bèsen *m.* weibliche Begleitperson, meist angetraut

Besitzer *m.* wohlhabender Mensch im Überetsch

Bessere *w.* eine aus der Hautevolee, Bitte um neue Karten beim >*Watten*

betàklen betrügen

Betn *w.* Rosenkranz, **Betngrallelen** Rosenkranzperlen

betn schnurren

Bètnoppl *w.* Betschwester, **knieschwämmate B.** arthritische B.; >*Kerznschmelzbrùeder*

Bètola *w.* *ital.* Kneipe in Salurn

betonìern vermöbeln *„I betonìer dr òane, dass àusschaugsch wia a Rohbau!"*

bèttfetzn bettnässen

Bettziach *w.* Leintuch

Bissgur

Beuschl *s.* Kalbslungengericht
bezirzn umgarnen, umschwärmen
Biachl *s.* Fahrzeugschein
biber kalt, frostig
Bickl *m.* Gaul
Bìebele *s.* kleiner Junge
bìegen, òane eine herunterhauen
Bìgol *m.* *ital. venez.* Nudel, Penis, einfältiger Mensch, **Bigolòn** Dorfpotentat im Südt. Unterland
Bims *m.* Brot
Binder *m.* Fassbinder, Küfer
Bingl *m.* Hügel
Bìrl *s.* Glühbirne
birschtn bürsten
bis! *ital.* Zugabe!, >*nòamol!*
Bisca *w.* Büchse
Bischofszipfl *m.* schmackhafter Bürzel beim Brathendl
bìssele wenig, *a b.* ein klein wenig
Bissgur *w.* bissige, schlecht gelaunte Frau
Bisulfit *s.* fäulnishemmender Schwefelzusatz im Wein, Gegenmittel bei genossener Überdosis: Aspirin
Bitscheròtt *m.* *ital.* Glas Wein im Unterland
Bitschikletta *w.* *ital. bicicletta* = Fahrrad-Aperitif: halb Campari, halb Weißwein, nicht zu verwechseln mit >*Radler*

Bìtterle *s.*	Kalebasse, Trinkbehälter aus Kürbisfrüchten für die Feldarbeit; die **Bìtterlen** Brüste, seit Wegfall des Kürbisanbaues teilw. durch **Melonen** ersetzt, bei Übergroße **Angurien,** *ital. w.* Wassermelonen
Bix *w.*	Dose, Gewehr, Vagina
Bixnöffner *m.*	Aphrodisiakum
blåsn	unmäßig trinken, Fellatio, polizeiliche Alkoholkontrolle
Blåter *w.*	*anat.* Blase, **Blàterle** Bläschen
Blaukraut *s.*	Rotkohl
blèad	schwach, müde
blèchn, bixln	zahlen
Blechsekretärin *w.*	Anrufbeantworter
Blèchtrottel *m.*	Computer
blècket	blank, ohne Geld, bloß
blèckstitzet	barfuß
Bliatn *w. Mz.*	Blumen
bliatn	bluten
Blìemelen *s. Mz.*	Blüten, Almblumen
Blìemelepolizist *m.*	Naturparkaufseher
Blisl, *s.*	Bluse
blòach	bleich
blòas	100-prozentig, ausschließlich
Bloch *w.*	Tuch
blòub	blau
blùjen	verprügeln
Blùnzn *w.*	*aö.* Blutwurst

Blùsnbaitl *m.*	Brutgehänge von Schädlingsraupen auf Bäumen
Bòan *s.*	Knochen, **Bòanerhaufn** klapperdürrer Mensch, **a gùats B.** eine hübsche Person (weiblich)
bòckelen	stark nach Ziegenbockparfüm riechen
bòckn	wild herumspringen, raufen, widerspenstiges Verhalten
bòcknårret	völlig aus dem Häuschen
Bockshorn *s.*	Johannisbrot
Bòdnzug *m.*	flacher, gangbarer Teil der Rebanlage
boh?	*ital.* null Ahnung, weißnix, wer weiß?
Böhm *m.*	Tscheche
Böhmische *w.*	kleines Blechbläserensemble mit großem Durst
Bollèttn *w.*	**ital.** Warenbegleitschein
Bòllo *m.*	*ital.* Wert-, Stempelmarke
Bombnzwischnzeit *w.*	Verspätung
Bòmbola *w.*	*ital.* Gasflasche
Bòna *w.*	*ital.* tolle Frau
Bònzn *m.*	Bauch, Weinfaß
Brecklen *w. Mz.*	Stückchen. **Brecklen låchn** sich übergeben
Bùndola *w.*	*ital.* Mortadella >*Muliwurst*
Bosniàggele *s.*	kleines Roggenbrot

Bötl *s.* einstmals (neben dem Sonntagsblatt) die beliebteste Lektüre der Südtiroler Landbevölkerung. Heute nur mehr eine schmale Beilage der *„Zett"*

Bòtscha *m.* *ital.* kleines Kind

Bottl *w.* Flasche

Bozen - Bolzano bilingue Südt. Landeshauptstadt; W.A. Mozart schrieb seiner Schwester Nannerl: *„Botzen ist ein Sauloch. Bevor ich noch einmal komm nach Botzen, hau ich mir in die Fotzen!"*

Bozner Sößl *s.* Eihack mit Öl, Essig, Senf und Schnittlauch verrührt, köstlich zu Terlaner Spargeln

Bozner Tisch *m.* ein Mann - ein Tisch; *Diner for one*

Brånd *m.* der Durst am day after

Brandn *w.* *ital.* Feldbett

Bràntele *s.* Gartenrotschwänzchen

Bratl *s.* vornehmlich der Sonntagsbraten, vom Kalb oder Schwein, >*Mistbratl*

Brèatl *s.* Fladenbrot

Brem *w.* Bremse (Insekt), Fadenmäher

brènnen schmerzvoll zahlen, leuchten, *brinnts Lampele?* funktionierts?

Brennende Lieb *w.* Geranie, Balkonblume Nr.1; brennender Schmerz

Brenner *m.* Alpenübergang mit der geringsten Meereshöhe, nördlich von welchem sich lt. >*Herbert Rosendorfer* jene Gebiete erstrecken, die sich nicht für das Überleben der menschlichen Rasse eignen

Brennerautobåhn *w.* 314 km langes Beton- und Asphaltmonster zwischen >*Brenner* und Modena, beschert Südtirol jährlich Lärm und Abgase aus 45 Millionen Fahrzeugen. *„Lieber Autoverkehr als gar keinen"* angeblicher **B.**-Anrainerspruch

Brènnsuppn *w.* Armeleute-Frühstück aus Mehlschwitze, Salz und Wasser, heute eine seltene Spezialität, *„Metzgerbluat isch koa Brennsuppn!"*

bresln bröseln, **sich zerbresln** umkommen

Brètschele måchn trauriger Gesichtsausdruck bei Kindern

Brèttlmarend *w.* rustikale Jause ohne Porzellan

Brettln *s.* Skier

briatn brüten

Brigadìer *m.* Karabinieri-Unteroffizier

brìkklen zusammenflicken

brìntschelen nach Verbranntem riechen

Briòsch *w.* *fr.* Frühstücksgebäck

Brock *m.*, **Bröckel** *s.* Stück, Stückchen, *Bröcklen låchen* sich übergeben

Bròter *m.*	Taschenuhr
bròttlen	nörgeln, murren, **Brottler** Nörgler, Faschingszeitung in Eppan
brüllrietig	rittige Kuh, der reinen Lust wegen
brum?	warum?
Brùnzbuschn *m.*	Schamhaar, Venushügel
brùnzn	urinieren, **Brùnzer** männl. Glied, Wasserhahn; **Brunz** *w.* Harn, **Brunzbuschn** Schambehaarung
brùsig	bröselig
Brusn *w. Mz.*	Brotkrumen
bsìnnen, *si*	sich erinnern
Bsuff *m.*	Trunkenbold
bsùnders	außerordentlich, > extrig
Bùa *m.*	Bub, **älter Bùa** Junggeselle, **Bùa, Bua!** Junge, Junge! **Bùi** Pustertaler Junge
Bùabnschwanzl *s.*	>*Schupfnudeln*
Bùabnsunn *w.*	Mondschein
Bùchtl *w.*	Kuchengebäck, Vollschlanke
Bùckl m.	Arbeit, Job; **buckln** schwer malochen,
Buckler	Schwerarbeiter
Bùcklermenü *s.*	Arbeiteressen: Makkaroni mit Ragù, Wiener mit Pommes und Kaffee->*Korrètto*
bùcklings	auf dem Rücken liegend
Bùcklspritz *w.*	geschultertes Spritzgerät für den Obst- und Weinbau
Bùeg *m.*	Falte (z.B. am Kleid)

Bùege *w.* Holzstrebe, diagonales Stützholz
Buènos Àires! Szenen-Ostergruß
Bugànzn *w.* Launen, >*Tanz*
Bùmmerl *s.* *aö.* Zeichen für Verlierer (z.B. beim Kartenspiel) *aaner hat oiwei es Bummerl …*
Bùmser *m.* Südtiroler Sprengmeister ohne staatliche Lizenz in den 60er-Jahren
Bundl *w.* Kanne, Kanister
Burgl Wal-, Notburga
Bürschtlbinder *m.* Bürstenmacher, *saufen wia a Bürschtlbinder*
Buscha *w.* Kuh
Bùschn *m.* Blumen(strauß); Erkennungszeichen für >*B.-Schank*
Buschnschånk *m.* Lokal zur Törggelezeit, > *Törggelen*
Busòni-Wettbewerb weltberühmter Pianistenwettbewerb in Bozen und nicht, wie manchmal irrtümlich angenommen, Oberweitenwettbewerb
bussln schmusen
Buschtapaga *w.* *ital.* Lohntüte
Buteill *w.* *fr.* Weinflasche
Bùtzen *m.* Kerngehäuse, Apfel, **B.Plantàsch** Apfelanbau
Bùxelevolk *s.* Proletariat

*'s **B** håt si **b**ål amòl dernìegt,*
*'s **C** jez à sei Platzl **c**rìagt*

C

Caràmba *m.*	*>Karabinieri*
Catòres *m.*	*lad.* legendäre Kletter- und Bergrettungsgilde des Grödentales *>Aiut alpin*
Cav.	*ital.* Kurzform für staatlich verliehenen Ehrentitel Cavaliere (ohne Kavallo), Steigerungen: *Commendatore* **Comm.** und *Grand'Ufficiale* **G.Uff.**
Càvolo *m.*	*ital.* Fluchwort
Càzzata *w.*	*ital.* Blödsinn
Càzzo *m.*	*ital.* Fluchwort, Penis
Chrischkindl-mårkt *m.*	Weihnachtsmarkt, jener in Bozen vom Volksmund wegen seiner gleichförmigen Verkaufsbaracken auch *Chrischkindl-KZ* genannt
Cinquino *m.*	*ital.* Fiat 500, einstmals beliebtes Auto für intime Abenteuer, feiert gerade Renaissance
Ciodo *m.*	*ital.* Mofa (meist auffrisiert)
Cityroll *s.*	Südtirol für Angelsachsen
Cityroller *m.*	Weltbürger
cotto	*ital.* müde

*'s **C** såg „ciao, pfiatgott und gèaht,*
*weil 's **D** schun **d**rùnter aufm Blattl stèaht*

D (T)

Daaf *w.*	Fassdaube, *„ghian'mer in >Keeler und trinkn a Daaf"* (so viel Wein, wie die Daube hoch)
Dåbleiber *m.*	verächtlich für Südtiroler, die 1939 nicht für das Deutsche Reich optierten >*Option*
dài!	*ital.* gemma!
dàichn	dünken
daigslen	hinkriegen, steuern
Daitsche *m. Mz.*	Deutsche; Bayern, Schwaben, Schweizer und Österreicher ausgenommen; >*Piefke;* früher auch **Ràichsdaitsche**
Damidschàna *w.*	*ital.* Korbflasche
Dåmpf *m.*	Rausch, **d-ig** besoffen
Dåmpfploderer *m.*	Maulheld
dämpfig	beschwerlich atmend
Dampfl *m.*	Sauerteig, Räuschl
Darm *m. Mz.*	Gedärm
Darmwickler *m.*	Wurster
Dåttlåff *m.*	Blödian
Dèchet *m.*	Dekan
dècht, dèchtersch	trotzdem
Dèckl *m.*	Schädeldach, *a paar aufn D. geben* Kopfnüsse austeilen

dëi	die da
Dëirn, *w. Mz.*	Dornen
Deixl *m.*	Teufel
Dèka *s.*	aö. Dekagramm, 10 g
der-	Vorsilbe, die die Durchführbarkeit einer Tätigkeit anzeigt: **derbeìßen, derrèden, derziechen** usw., seltener steht sie für *zer-*
dèrawegn	deshalb
derdrùcken	zerdrücken, eindrücken, *„derdrùck mi net!"* nich so stürmisch Mann!
derfången, si	sich erholen
derf-man-net!	verboten! **dèrfn** dürfen
dergàngln	erreichen, drankriegen
dergattern	an sich bringen, bekommen
dergèbn	sich lohnen
dergìebig	lohnend
dergiehn	zergehen, schmelzen; gehfähig sein
dergròanen	wieder auf die Beine kommen, sich erholen
derhàtschen	gerade noch weiterkommen
derhèngn	beschädigen, zerstören
Derhèrglòffener *m.*	Zugewanderter, ungerufen Hinzugekommener
derkàtzn	verärgern
derkùgeln, sich	sich totlachen
derlàbb	erlaubt; alles, was nicht ausdrücklich verboten ist
derlångn	erreichen

derlàttert	baufällig
derlèmpert	abgetakelt, verwahrlost
derlìgglen	erspähen, durchschauen
derloadn	traurig sein, sich langweilen
dermåchn	zustande bringen
dermàckn	beschädigen
dermàtscht	zerdrückt
dermèrgelt	abgebraucht, abgearbeitet
dermùglen	zerknittern
dernåch	nachher, hernach, *„... dernåch a Zigarettl"*
dernìegn	überdrüssig werden
derpåckn	schaffen, überwinden, reüssieren; *„I derpåck's nimmer!"* Alexander >*Langers* letzte Nachricht
derprèseln	verunglücken, atomisieren
derràppeln	wieder auf die Beine kommen, sich erholen
derrèckn	erreichen, erlangen
derrìttlt	geistesgestört, verrückt
dersàufn	ertrinken
derschmèckn	erraten, auf die Schliche kommen
derschnàgglen	sich durchschlagen, durchkommen
derschnàufn	etwas durchstehen, zustande bringen
derschnòasn	erheischen
derschnölln	platzen, bersten
derschòssn sein	überaus beeindruckt, überrascht, >*paff* sein

derstèssen, si	verunfallen, sich totfahren
dertåttert	verdutzt, sprachlos
dertèngelt	verbeult
dertètschn	zerquetschen
dertìen	rechtzeitig schaffen
dertn	dort
dertòaln	zurechtkommen, *„i dertòal mer's nimmer"* ich kenn' mich nicht mehr aus, blicke nicht mehr durch
derweil	inzwischen, **derweìl håbn** Zeit haben
derweìllång	langweilig
Derwìschelus *s.*	kindliches Fangspiel
derwùschn	erwischt, ertappt
derzèhln	erzählen, *„derzèhl koan >Schmårrn!"*
dèsertwegn	deshalb, aus diesem Grunde
Deutscher Kaffee *m.*	Gegenteil von Espresso
Dille *w.*	Stadel
dinnen	drinnen, innen
diobòno	*ital.* Gotteslob oder Fluchwort, je nachdem
diokane	*ital.* beliebte Gotteslästerung
Dirn *w.*	Bauernmagd
Dirndl *s.*	frauliches Trachtenkleid, Mädchen
diselet	dämmerig
Distrètto *m.*	*ital.* Militärdistriktskommando
dòda	dahier, **do** hier
dòig	hiesig, **Dòiger** Eingeborener

Dökta *m.*	Pusterer Akademiker, Arzt
Dolomiten *w.*	bizarre Gebirgsgruppe aus doppeltsaurem Magnesium-Kalziumkarbonat, benannt nach dem französischen Mineralogen und Abenteurer Deodat de Dolomieu; Skiparadies und Klettergarten; *Dolomiten* Tagblatt der Südtiroler
Dolomitensagen *w.*	Schneebericht aus den >*Dolomiten*
Donnerbuschn *w. Mz.*	Alpenrose
Doppelsprachigkeit	üblich, aber falsch, nennt sich korrekt Zweisprachigkeit und steht für: weder die eine noch die andere Sprache einwandfrei zu beherrschen
Dorfmatråtz *w.*	Flittchen, Wellnesseinrichtung in Kleingemeinden
dòsig	hier ansässig, einheimisch
dråfter	nachher
dràhnen, dràxeln	drehen, drechseln, **òans d.** schwindeln, **Dràhner, Dräxler, oan drahnen,** tanzen, Dreher
drahtlen	lebensgefährlicher Seilbahntransport der Bergbauern
Drähnerle *s.*	Drehschalter, Brustwarze
dràugiehn	verenden, verlustig gehen
Dràußiger *m.*	einer von jenseits des >*Brenners*
Drèckwuzelen *s.*	durch Reibung erzeugte Schmutzknöllchen

Dökta

dreinschaugn	aussehen, >*låppet* d. verdutzt sein
dreiviertel auf Zaunsteck	irgendwann
Drèmmel *m.*	Prügel, Penis
Drenàsch *w.*	*frz. drainage* Entwässerung, zeitweiliger Alkoholverzicht *„bin auf D.“*
drhòam	zu Hause, in der Heimat
Drìschl *m.*	Dreschflegel
drleidn	ertragen
drlòadn	verdrießen
dròahnen	drohen
Drogato perso *m.*	*ital.* verlorener Sohn
Drogìn *m.*	*ital.* Rauschgiftsüchtiger, auch *Drogierter*
drschiffn	sich kaputt lachen
drwòhrnen	mitkriegen, verstehen
Dschìnser *w.*	Bluejeans
Dschìro *m.*	*ital. giro,* Rundfahrt, Runde, ein Scheck wird *dschiriert, an D. måchn* umherziehen
dschùro!	*ital. (lo) giuro!* ich schwöre!, *schwörnwåhr!*
Dull *m.*	Hammel
Dulliöh *m.*	angesäuselter Zustand
dumadùm	rundherum
du-mi-à!	Sie dürfen mich auch mal!
du-mi-nèt-du!	mit mir können Sie das nicht machen!

dùrchgiehn	abhauen, das Weite suchen
Durnwalder, Luis	*„Durni“* populärer >*Landeshauptmann,* Chef der Südtiroler Landesregierung und Jäger, hat >*Südtirol* zur Chefsache erklärt
durr	mager, trocken
durrn	dürr werden, **òdurrn** austrocknen
Durscht *m.*	notfalls wird in Südtirol auch ohne ihn getrunken. *„Mensch, hån i heit die Nåcht an Durscht ghåb und kòa Schwein håt mi àugweckt!“*
Dùsel *m.*	Dämmerzustand
dùsln	dösen, dahindämmern
du-wòll-du!	du schon gar nicht!

*'s **D** kriegs in **d**ie Nerven,*
*'s **E** will **è**ppes sågn derfen*

E

èad	lästig, übel
èah	zuwider
Èahaltn *m. Mz.*	Dienstboten
Èapam *m.*	Efeu
ècket	eckig
Edelweiß *s.*	Südtiroler Symbolblume unter Naturschutz
Ègetman *m.*	Traminer Säuferbiennale im Fasching
eh	ohnehin
Eierer	Nervensäge
eiern	auf die Nerven gehen
Eiersåck *m.*	Nörgler
Eierspeis *w.*	Rührei
Einbrenn *w.*	Mehlschwitze
eingekàstlt, eingnàhnt	eingesperrt, im >*Tschumpus*
eini	hinein
einihaun	vollfressen, jmdm. eine verpassen
Einilèger *m.*	Betrug
èinimuglen	hineinkuscheln, hineinschwindeln
Einlaufsuppn *w.*	Eintropfsuppe, Reichsdeutsche freuen sich bei der Bestellung meist umsonst auf ein Klistier
einpiesn	einrühren (z.B.Butter und Mehl)

einstecken	stehlen, unerlaubt an sich nehmen
einsuren	Fleisch in Pökelsalze legen
Eisgåll *w.*	vereiste Stelle
Eiskåstn *m.*	Kühlschrank
èkko!	*ital.* sieh da!
Èldere *w.*	Mistel, >*Hölderle*
Elegànter *m.*	halbes Glas Wein zum vollen Preis
Èllet *s.*	Elend, Misere
emènt	vielleicht doch
empìetn	*jmdm.* eine Botschaft schicken, >*ausrichtn*
's Ènggele måchn	*jmdm.* die lange Nase zeigen
enk, enker	euch, euer
Enkl *m.*	Fußknöchel
entn, enter(n)	drüben, über(n)
Enzianschnaps *m.*	letzte Chance vor der Letzten Ölung
Epfl *m.*	Südtirols Exportschlager Nr. 1, fällt meist nicht weit vom Pferd, bzw. vom Traktor; „Morgenduft hat Gold im Mund" Obstbauernspruch; **Èpflputz** Apfelkerngehäuse
èpper	etwa, **vielleicht èppes** etwas
Èrdäpfel *m.*	Kartoffel
Èrdäpfelplattlen *s.*	herausgebackene Fladen aus Kartoffelteig mit Sauerkraut
èrger	besser, gewaltiger; **am ergigschten** schlimmer geht's nimmer
Erika *s.*	Heidekraut

Erntehelfer *m.*	diebische Obst- oder Kastanienklauber, meist aus dem nördlichen Ausland
Èrpeler *m.*	Wein aus der Erdbeertraube
Èrper *m.*	Erdbeeren
èrschtlt	zuallererst, zuvorderst
Èrtig *m.*	Dienstag
Erzherzog-Johann-Gedächtnisstellung *w.*	rare, daher besonders feierliche Kopulation patriotisch gesinnter Liebespaare
es	ihr, das, respektvolle Anrede
Eslwölger *m.*	Zeitdieb, Nichtstuer
Essigmueter *w.*	Essigschwamm
et, ètte	nicht im Pustertal
ètlene	einige viele
Etsch *w.*	südlichstes deutsches Gewässer, wird an der >*Salurner Klause* zum *Adige* und führt ab dort statt Wasser *acqua*
Ètzes *m. Mz.*	*aö*. Ratschläge, Tipps
Europa *s.*	ferner Kontinent
Extrakommunitàrier	*ital*. Drittweltländler, Farbige
Extraterrestrischer	afrikanischer Gastarbeiter
Extrawurst *w.*	Sonderwunsch
èxtrig	außerordentlich

*'s **E** hät **e**h nix mehr zum Sågn,*
*'s **F** will's **f**ielleicht **f**åst selber wågen*

F

„ff"	liberales Südtiroler Nachrichtenmagazin und wöchentlicher Ärgerniserreger
fa	von, vor lauter
Faatsch *w.*	Binde, Verband
faatschen	umwickeln, Verband anlegen
Fackl *s.*	Ferkel, Jungschwein
fackln	kleckern
fahln	fehlen, verfehlen, *gfahlter Hund* durchtriebener Mensch, **òfahln** abfehlen, **ògfahlt** danebengeschossen
fai	sehr, äußerst, *„fai gfahrlich!"*
faig!, såg faig!	wetten, du machst/kannst es nicht bzw. wetten, ich mach/kann es
fain	liebevoll, rücksichtsvoll, angenehm; Lied: *„Fa-ain sain, bainånder blaibn …"*
Fäirum, Fairämb *m.*	Feierabend
falìdi giahn	*ital. fallito,* Bankrott machen
Falòtt *m.*	*fr.* Gauner
Falzl *s.*	Spalte, Vagina
fången, òane	eine Ohrfeige einfangen
Fårzgloggn *m.*	ausladender Damenrock

Farzl *s.*	dezenter Furz
Fàrzlschmecker *m.*	einer, der es genau wissen will
Faschierts *s.*	Fleischhack
Fàschio *m.*	faschistische (Nachfolge) Partei
fàssen, oane	geschlechtsverkehren, verprügelt werden
Fassòn *w.*	*frz.* Mode, Form; *„außer d'r Fassòn"* out
Fåstnstern *m.*	Leberblümchen
Fauler *m.*	fauler Zauber, dünner >*Schmäh*
Fax mit Haxn *m.*	Bote zu Fuß
Faxn *w.*	Marotten
Fèara *w.*	Fläche, Ferne, Entfernung
Fearsch *m.*	Ferse
Fechn *w. Mz.*	Sommersprossen
fèchtn	betteln
Federbåll *m.*	Bett
Fèdern *w.*	Angst, Bammel
Fèeler *m.*	Weidenstrauch
Fègaisn *s.*	Zappelphilipp
Feicht *w.*	Fichtenbaum
Feign *w.*	*anat.* weibl. Intimteil
Feignkaffee *m.*	Kaffee-Ersatz, ein Schelm, wer Schlimmes dabei denkt
Feignkranzl *s.*	Kaffeekränzchen mit Damen
Feitl *m.*	Taschenmesser
Feirtig, *m.*	Feiertag
Feirum, *m.*	Feierabend
Feitl, *m.*	Messer

Felderer, Karl	Schöpfer der Südtiroler Nationalhymne *„Wo-hol ist die Welt so groß und weit“*
fèllig	fast, beinahe, **fellig sein** am Ende sein
fènsterlen	komplizierter nächtlicher Einstieg in Mädchenzimmer mittels Sprossenleiter
Ferdl *m.*	Ferdinand
Ferggl *w.*	Traggestell
fergglen	schwankend dahinschreiten
Ferlùr *m.*	Verlust
ferlùr giehn	verloren gehen
fermègn	sich leisten können
Fèrner *m.*	Gletscher
Ferragosto *m.*	*ital.* 15. August Hochunserfrauentag
Ferschmòug *m.*	Kränkung, Beleidigung
Fersèln *w. Mz.*	Bohnen *>Fisolen*
fertig	zu Ende
fertn	letztes Jahr
fesch	attraktiv
Fèschgl *w.*	*>Zwiderwurz*
fèselen	leicht schneien
Fetze *w.*	Harn, Vulva; *„Fètze >làichn“* Rent-a-Fetze auf Pusterisch
fetzelet	kleinlich, pingelig
fetzen	urinieren, rennen
Fètzer *m.*	kleiner Wicht, Penis

fetzgail	phänomenal
Fètzgassl *s.*	Seitengasse mit öffentlicher Toilette und starkem Geruch
Fetzkåchl *m.*	Nachttopf
Fetzn *m.*	Lappen, Kleid, Rausch
Fetznhandler *m.*	Kleidergeschäftsinhaber
Fètznschedl *m.*	Saufkopf
Fètzpippn *w.*	Göre, kleines Mädchen
Fètzumes *w.*	rote Ameise
fiaßlen	ein Bein stellen
fierfåhrn	überholen
fiergebn	Vieh füttern
fierhebn	vorhalten, vorwerfen
fieri, fierwerts	vorwärts, nach vorn
fierinzìntn	*jmdn.* vorwärtstreiben
Fierschigång *m.*	Fortschritt
Fifa *w.*	*ital.* Bammel, Furcht
Figàta *w.*	*ital.* tolle Sache
Fìgo *m.*	*ital.* Schönling, Beau
Figuratscha *w.*	*ital.* schlechte Figur, blöd dastehen
Fìllele *s.*	kleines Fohlen
Finanz *w.*	*ital.* Zoll- und Steuerbehörde, Sondereinheit gegen Schwarzbrenner und Schmuggler
finferln	aufs Kreuz legen, betrügen; **kraiz finferln** hinten und vorne betrügen
fingerln	Petting
Fìni, Fìnele	Josefine
Finòck *m.*	*ital.* Schwuler

finta	*ital.* gefälscht, so als ob
fippern	flimmern, zittern
firchn	pflügen
firmìern	*ital.* unterschreiben, die Firma machen, sich zum Militärdienst verpflichten
fìrrerkemmen	hervor- ans Tageslicht kommen
Fìrtig *s.*	blauer Männerschurz
Firtigbandl *s.*	Schurzband
firwitzig	neugierig
fischelen	Napoleon schrieb seiner Josephine *„wasche dich nicht, ich komme!"*
Fisèlnstèckn *m.*	Bohnenstange
Fisòlen *w. Mz.*	grüne Bohnen
fitzlen	zerkleinern
fix	fest, *„des isch fix!"* das steht fest!
flàdern	stehlen, klauen
Flanggn *m.*	ein großes Stück
flåschn	ohrfeigen
Flåschn	Nichtsnutz
Flåschnforzer *m.*	Eichelsiebener der Salzburger Spielkarten >*Watten*
Flatsch *m.*	nasser Schnee, Matsch
Flåtterle *s.*	kleines schwirrendes Etwas
Flax *w.*	Sehne
Flèach *m. Mz.*	Macken, Flöhe
Flèachrechen *m.*	Haarkamm zum Entlausen
Flearsch, *m.*	großer Fleck
fleas	eben, nicht abschüssig

Fleck *m.* Schulnote Ungenügend, Brett

Flèckerl *s.* *aö.* Suppeneinlage

Fleckerlteppich *m.* rustikale Auslegware aus bunten Stoffresten

Fleischleibele *s.* Hamburger, auch **Fleischkrapfl** *s.*

Fleiß *m.* *ze Fleiß tien* mit Absicht handeln

Flìckzuandl *s.* Nähkästchen

Flìeder *m.* Geld

Flìeger *m.* Rausch, Aeroplan, roter Wodka mit Redbull

Flìegerplåtz *m.* Flughafen

flìegn stürzen, durchfallen

Flig *w.* einseitwendige >Pergl

Fliitsch *w.* Traubenschalen, leichtlebiges Mädchen

Flora, Paul Vintschgauer Zeichner von Weltruf, lebt und zeichnet auf der Hungerburg bei Innsbruck im Exil

Florianiprinzip *s.* bewährte alpenländische Methode zur vielfältigen Problembewältigung nach dem Grundsatz *„hl. Sankt Florian schütz unser Haus, zünd and're an!"*

floschn (oane) ohrfeigen

Flòtter *m.* Schmetterling

Flùech *m.* wörtl. Fluch, eine ganze Menge, a *Flùech Zettl* ein Stoß Papiere

Flùig *w.* Stubenfliege

Fluignschiss *m.* Sommersprossen

Fockelòtti

Flùtter *w.*	Propeller, *„geaht dir die F.?“* Hast du Angst?, Ventilator, Vagina
Fòam *m.*	Bierschaum
fòascht	dick, fett
fochats Bròat	Roggenbrot
fòchn	einfangen
Fòchets	süßes Brot als Patengeschenk
Fock *m.*	ausgewachsenes Schwein
Fockelòtti *m.*	schweinischer Mensch
Fockerei *w.*	Unzüchtigkeit, Ferkelei
Fòcknblåter *w.*	Schweinsblase, der Stoff, aus dem die Lampen sind im rustikalen Ambiente
Fòcknschlegel *m.*	hölzernes Narkosegerät für Schweine
Fòcknståll *m.*	Sauladen
Fòckntoni *m.*	hl. Antonius, Viehpatron
Fodn *m.*	Faden
Fòkol *m.*	*ungar.* Hackmesser
folgn	gehorchen
Folioròsa *m.*	*ital.* provisorische Fahrerlaubnis
Fòlta *w.*	Keller
Fongeluss *s.*	Fangenspiel
Fontanèll *w.*	artesischer Brunnen im Unterland
Fònzgloggn *w.*	Verbreiterin von Tratsch
foppn	ärgern
fòra	*ital.* draußen, der Typ *isch fora*
Forkl *w.*	Mistgabel
Fòrmes *s.*	Frühstück, *„Formes bei Fany“*, auch **Fürmes**

Fortl *m.,* **an F. haben**	Geschicklichkeit besitzen, Know-how haben
Forz *m.,* **fòrzn**	Darmwind, -e ziehen lassen
Forz mit Matriàl	Darmstädter mit Gefolge, **Forz mit Sòß** nasser Bauchwind, gemeiner Färber
Fòrzluggn *m.*	Damenrock
Fòrztrommel *w.*	unweltmännisch für Damenpo oder zu seiner Besitzerin
Fotzhobl *w.*	Mundharmonika
Fotzn *w.*	Gesicht, Visage, Ohrfeige, **Fòtzgoschn** *w.* Tiermaul, grob für Mund
fotzn	dezidiertes Ohrfeigen, **spazieren-f.** dauerohrfeigen
Fotznrichter *m.*	Zahnarzt
fòtzrànggln	poussieren in Kastelruth, anderswo auch **fòtztùttlen**
fouchn	einfangen
fra	grad, frei, geradeheraus
Fràinderlwirtschåft	erspart viel mühsame Arbeit
Fraissn, håbn	Launen
Fraktion *w.*	*ital. frazione* Ortsteil
frànga	vielleicht, womöglich
Frankfurter *w.*	die in Frankfurt als *Wiener* Würstchen gelten
Franzòs *m.*	Engländer, Backenschlüssel, nicht zu verwechseln mit >*Pariser*
fratschln	ausfragen

Fråtz *m.*	Frechdachs
Fràueler *m.*	trockener Vintschgauer Weißwein (Friaueler)
fregatene!	*ital.* es kann dir schnuppe sein!
Fregatùra *w.*	*ital.* Reinfall, Betrug
fregiern	*ital.* betrügen
Freiheitlichen, die	Südtiroler Haiderableger, ihm seit seinem orangen Farbbekenntnis nicht mehr grün
freila	freilich
Fremme *m.*	Fremde, Touristen
frettn	sich abmühen
fria	früh
Friedhofsjodler *m.*	letzte Grüße aus Davos
Frìgelen *s. Mz.*	Milchnockerln
Frìgo *m.*	*ital.* Kühlschrank
frisch	geradeheraus, *såg's frisch!*
Frittàten *w.*	Suppeneinlage aus fein geschnittenen Pfannkuchen
fròa	erfreut
fròadig	zornig, grantig
Frosch *m.*	Südtirols grüne Ikone im Museion. Die einen haben ihn aufgehängt, die anderen wollten ihn an die Wand stellen
frotzln	necken
Fùader s.	Heuladung
Fùaterhaus	Heustadel
fùchsn	feilschen, sich ärgern, necken

Fuchserei	Ärgernis
fùchtln	herumschwenken
fùder	hervor
Fueßgråmpl *w.*	Steigeisen
Fuga *w.*	*ital.* Flucht, *milit.* unerlaubtes Sichentfernen von der Truppe
Fugàt	*ital.* Schelm
Fugàtzn *w.*	Angst
Fuhn *w.*	Fahne
fuhrwerken	umständlich hantieren
Fùjer *s.* **fùjern**	Feuer, Funken sprühen, zündeln Fummel, Fuchtel
Fünffingermoidl *w.*	Onanierhand
Funz *w.*	zickige Frau
Furbo *m.*	*ital.* Schlaumeier
fuòri sein	*ital.* danebenstehen, verrückt sein
Furgòne *m.*	*ital.* Lieferwagen, **Furgontschìno** *m.* Kleintransporter
Furm *m.*	Unordnung, Chaos, *„wås håschn do fir an Furm!“*
fürmessen *s.*	frühstücken
Fut *w.*	*anat.* Scham
Fùtlappele *s.*	*anat.* Schamlippe
Fùtlecker *m.*	Schoßhündchen
Fùtzele *s.*	kleines Teilchen, auch Fìtzele
Fùxete(r) *w. (m.)*	Rothaarige(r)
fuxpassen	vaterseits auf die Geburt eines Kindes warten
fuxteifelswild	arg wütend

*'s **F** låsst no a **F**arzl zìechen,*
*'s **G** soll a nou a **G**satzl rìechen*

G (K)

gäal	gelb
gaangn	unablässig um etwas bitten
gaarn	stupsen, stochern, **ùngaarn** anstacheln
gàbicht	falsch, hintertrieben, verkehrt
gach	steil, jäh *g.-zornig*
Gåffr *m.*	Kampfer, **G.-wasser** Kampferwasser
Gågele *s.*	Wild- od. Kleintierlosung, kleinwüchsiges Kind
Gagg *s.*	Boccia-Zielkugel >*watschelen*
gaiffn	kläffen
Gaismair, Michael	Sterzinger, kämpfte um 1525 mit seinen Bauernrebellen gegen Habsburg und den Papst, Frühsozialist. Nach ihm werden in Südtirol Seitengassen und Hinterhöfe benannt
Galòschn *w.*	*fr.* hölzerne Stallschuhe
Gams *w.*	Gämse, *G-bart* sekundäres Geschlechtsmerkmal auf Jägerhüten
Gàmsbandl *s.*	schmales Felsband, da, wo die Jämse ihre Eier legt
gàmsig	aufgekratzt, geil
Gånder *m.*	Truthahn, **gånderet** hahnenstolz

Gànga *w.*	lästiges Kind
gangn	maulen, sich beschweren
Gangr *m.*	Tumor, Satan
gàngln	stechen (von Insekten)
gängstrig	widerspenstig
gànig	zornig
går	fertig, ausgegangen, der Wein isch g.
Garagenwhisky *m.*	schwarzgebrannter Schnaps
Garibaldi *m.*	Schnellkochtopf *(gar - i - baldi),* ital. u. südamerik. Freiheitsheld
gårmåchn	aufbrauchen, aufhausen
Gartl *s.*	Haus-, Bauerngarten
gàrtlen	Gartenarbeit verrichten
Garzn *m. Mz.*	Rebentriebe
gàsn	rasen
Gàtter *s.*	Tor
Gatterstrümpf *m.*	Netzstrümpfe, *„mit die Strumpfbandlen"* mit Strapsen
Gåtting *w.*	Aussehen, Art, *„des håt koa G.!"* dies sieht nichts gleich!
Gaudee *w.*	Vergnügen, Spaß
gazíntorscht, gazöborscht	zuunterst und zuoberst, sagen die *>Pùschtra*
Gazzl *s.*	kleines Sieb oder Schöpfkelle. Die Fleimstaler gingen in K.u.k.-Zeiten mit Schüsseln, Schöpfern und Sieben hausieren, die Grödner mit Holzschüsseln und -kellen, daher

	der Ausdruck >*Katzelmåcher* für Italiener.
Nùdlgaz	Nudelsieb
geah-geah!	nicht zu fassen!
gedènkt	gedacht, *hån i mr gedènkt, dass dr nix gedènkt håsch!*
Gefitzle *s.*	Zerstückeltes, Zerpflücktes
gègga!	pfui!
Gehaimnis *s.*	Gulaschvariante mit einem einzigen Fleischstück, dessen Herkunft wohl das Geheime daran ist
Geit *m.*	Geiz
gekàstlt	kariert, **augekastlt** aufgetürmt
gelà-gelà!	*„zieh Leine!“* im Pustertal
Gelarueb *w.*	Karotte
Gèlber *m.*	Japaner, nicht zu verwechseln mit >*Ròater*
gell?	nicht wahr?
Gelòape *s.*	Rest, Übriggebliebenes
Gèlse *w.*	Stechmücke
geplant	aufgebläht
Germ *m.*	Hefe
gernhåben	liebhaben, *du kannst mi g!.* Sie können mich mal!
Gerscht *w.*	Gerste, Volksnahrungsmittel Gerschtsupp. *g'schpiebene G.* schlechtes Aussehen
getìpftlt	gepunktet, à pois
gfierig	schnell, gelenkig *a g. Schnea*

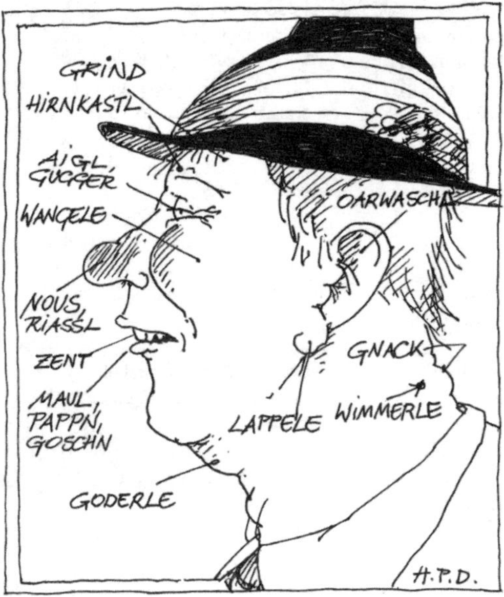
GRIND
HIRNKASTL
AIGL,
GUGGER
WANGELE
NOUS,
RIASSL
ZENT
MAUL,
PAPPN,
GOSCHN
GODERLE
OARWASCHL
GNACK
WIMMERLE
LAPPELE
H.P.D.

Gfries

Gfaltsch, *s.*	Schneematsch
Gfraß *s.*	schlechtes Essen
gfreien, *si*	sich freuen
Gfrènger *m.*	Verschlag, Pferch, Käfig
Gfrett *s.*, **gfretten**	Mühsal, Plage, sich abplagen
Gfries *s.*	Antlitz, Gesicht, das nur von der eigenen Mutter geliebt werden kann
gfrùintet	verwandt
Ghèar *s.*	musikalisches Gehör, Feingespür
ghep	gehoben, *saimr ghep!* wir sind gerettet!
ghöt	gehabt (staudenvintschgerisch)
ghupft wia g'sprungn	einerlei
gib-ihm!	anpacken!, Power geben
gìehn	gehen, *oan g.låssen* einen fahren lassen
giemer-giehn-gien!	lasst uns aufbrechen!, sich vertschüssen
giftn	beschimpfen
giftlen	Drogen konsumieren
Giftler *m.*	Drogenabhängiger
Gigg *m.*	Fahrrad
Gigger *m.*	Hahn, *G.-le* Brathendl
Gìggermilch *w.*	Eierlikör, hilft der Oma aufs Fahrrad bzw. auf den Opa
giggern	aufmüpfig auftreten
Gilge *w.*	Lilie

Gimerlen *w. Mz.*	Gurken
Gimpl *m.*	Sonderling, Penis
Gìpfele *s.*	Croissant
Girigòri *s.*	Firlefanz
Gitsch *w.*	Mädchen, *G.-ele* kleines M.
glaabn	glauben
Glàggele *s.*	Schlückchen, kleine Menge Flüssigkeit, *trinkmer no a G.*
glàgglen låssn	vernachlässigen
glai	augenblicklich, auf der Stelle
glaich	quitt, egal
Glàier *m.*	Siebenschläfer
glaim	nahe bei, *glaim >zuin* fast daneben, geizig, *des isch gleim gongn*
Glander *s.*	Geländer
Glàne *w.*	Preiselbeere
glången	ausreichen, genügen, **'s glångt** es reicht
glànggern	baumeln, herunterhängen, *glànggern lossen* sich nicht kümmern
Glasl, Glasele *s.*	kleinste Südtiroler Maßeinheit
glaslkòato	glasklar, der Himmel überm Pustertal
glasln	gemütlich, aber stetig Wein trinken
Glatsch *s.*	Schneematsch, breiige Masse
glåtzet	kahl, breitscheitelig
glìebig	gelenkig
glìenig	glühend
Gliewein *m.*	heißer Rotwein mit Zucker,

Zimt, Pfeffer und Gewürznelken, Nebenwirkung bei hoher Dosis: Glühbirne

Gloapets *s.* Speisereste

glock taub, schwerhörig

Glöckelnåcht *w.* an Donnerstagen im Advent werden von Haus zu Haus Hirten- und fromme Bettellieder gesungen; Gage: meist Schnaps; Finale: meist Vollrausch

Glockn *w.* Hodensack

Glockspeiser *m.* dreifüßiges Bronzegefäß

glòngen reichen

Glòtzer *m.* Augen

Glùderer *m.* Truthahn

Glùfe *w.* Stecknadel, Sicherheitsnadel

glugglen trinken

Glump *s.* wertloses Zeug, Plunder

glùschten begehren, **Gluscht** Appetit, Lust

Glutsch *w.* Gluckhenne, besorgte Mutter

gmahnte Wiesn no problems

Gmòana *w.* Gemeindeweide

Gnack *s.* Nacken, Genick

Gnaln *m.* Brechreiz

gnàungern ein Nickerchen machen

gnèatig eilig, **Gnèat** Eile

gniggn geizen

gnùe genug, **gnùe-tìen** ausreichen

gòal fett

gòamatzen	gähnen
Gòaßer *m.*	Ziegenhirte
Gòaß *w.*	Ziege, uncharmant für Frau
Gòaßbartl *s.*	Spitzbärtchen
Gòaßlschnölln *s.*	kunstvolles Peitschenknallen
Gòderle *s.*	Unterkinn
godìern	*ital.* genießen, Orgasmus erreichen
goffn	blöd dreinschauen, staunen
gòggazn	schäkern
Gòggele *s.*	Hühnerei, Hoden, Frauchen
gòggelet	oval
Gòggeletegele *s.*	Eierbecher
Gòggl *m.*	Krampus, Hahn, hoher Würdenträger
gòggln	eiern
Gogl *m.*	Stuhlgangprodukt
Gomagòl *s.*	*lad.* Ellbogen, Zusammenfluss zweier Gewässer, Ortschaft am Ortler: **Gomagoi**
Gömåtsnåcht *w.*	Nacht vom 5. auf den 6. Jänner, in der sich die Perchten, Berta & Hulda (Frau Holle) auf wilde Fahrt begaben, heidnisch-germanischer Winterbrauch
gondln	streunen
gòraso	gar nicht so toll
goravìa	ziemlich
Gorgl *m.*	Gorgonzola
Gorkl *m.*	Ding, Unding

Gosch *w.* Mund, *in die G.'n haun* unfreundliche Aufforderung zum Stillsein

gòschet vorlaut

goschn sich beschweren, maulen, *„ålm håt de èppes ze goschn!"*

Gossa *w.* Graukäsbewohner, Scampi

Gotl *w./m.* Patin, Pate, auch **Göt, Göta**

Gosch *m.* Tropfen auf Pusterisch

Gottl Gottfried, Gotthard

gòuslen spielen, tändeln

Graffl *s.* Plunder, Saubande

Gràggala *w.* Kleinigkeit

Gràidn *m.* Leiterwagen

Grail *m.* Siebenschläfer

Grallele *s.* Traubenkern, Beere, Kügelchen, Schnaps- und Sprudelbläschen; *„geah dèrtsch Gràllelen zupfn!"* ziehen Sie doch als Ananasfarmer nach Alaska!

Gramìlln *w. Mz.* Kamille

Gråmml *s.* Zerkleinerungsgerät für hartes >*Vorschlagbrot*

Gràndlen *m. Mz.* Jägerschmuck aus Hirschzähnen

Grant *m.* Hass

gràntig übellaunig

Gràntler *m.* launischer Mensch, **gruandlen, grantlen**

Grantn *w.* Preiselbeeren, **Grantnraffele** *s.* Gerät zum Preiselbeerpflücken

graschgln, gratschn	knistern, knirschen
Gratn *w. Mz.*	Fischgräte
Gratsch *w.*	Eichelhäher, **Zirm-G.** Tannenhäher
Gratta-e-wintschi	*ital.* Rubbel-Lotto
gràttlen	herumführen, umständlich arbeiten
Gråttn *m.*	Karre, Auto
Graukas *m.*	Südtiroler Almkäse, bei genügend langer Lagerung macht er sich, unter Hinterlassung einer beachtlichen Duftmarke, auf und davon
Grausbirn *w.*	Ekel, *die G. aufstellen sich >grausen*
grausn	ekeln
gràusl	sehr, stark *gràusl weah* sehr schmerzhaft
gràuslig	grässlich, abscheulich
grean	grün
Grèangger *m.*	Jammerer, **grèanggern** jammern
Grèaschtl *s.*	Pfannengericht mit Rindfleisch, Erdäpfeln und Zwiebel
Greggn *w. Mz.*	Augensekret
Greipn *w. Mz.*	Graupen
Grìebener *m.*	mit allen Wassern gewaschener
Griener *m.*	frischer, sämiger Nasenpopel, Umweltschützer
grìeß-di!	sei gegrüßt!
Griffl *m. Mz.*	Finger, *„tùe die Griffl awèg!“* lass die Finger davon!

Grifflschåchtel *w.*	Behältnis für Schreibutensilien aus der Zeit, in der man in den Volksschulen noch Lesen und Schreiben lernte
grilln	Vorstadium zum Kotzen
Grilliàta *w.*	*ital.* Grillparty
Grimmen *s.*	Bauchweh
Grint *m.*	Schädel
Grìschen *m.*	Kleie
Grìscher *m.*	Esel
Grìschpele *s.*	äußerst magerer Mensch
grìslt	gesprenkelt
Gròaggl *w.*	ohne Chance bei Misswahlen
Gròamat *s.*	zweite Heumahd
Groaßkopfeter *m.*	Dorfpotentat
Grobgnahnte *m. Mz.*	grobes Schuhzeug, auch **Grobgnågelte**
Gröden , -tal	ladinischsprachiges Dolomitental, bekannt für hohe Künstlerdichte und Skipisten
gròggezn	aufstoßen, rülpsen
Grògglen *w. Mz.*	Unterlandler Frösche und Auerer Mädchen
Groschn *m.*	*net gånz bei die G.* nicht alle Tassen im Schrank
grosn	jäten
groundln	murren
Gruber, Carlos	Südtirols denkmalgeschützter Denkmalpfleger

Grùenz *w.*	Smaragdeidechse
grùenzn	in der Sonne dösen
Grùipn *w.*	Graupen
Grùschpele *s.*	Rinde, Knorpel
Grüß-dich-Bozner	affektierter Einwohner der Landeshauptstadt
Gsab *s.*	Unwichtiges, Unerhebliches
Gsatzl *s.*	kleines Gedicht, Abschnitt beim Rosenkranzbeten, **a G. rèarn** eine Träne weinen
gschåffn	sich vertragen, miteinander auskommen
gschàftig	geschäftig, übereifrig
gschàftlen	überall mitmischen
Gschàftlhueber *m.*	Wichtigtuer
Gschall *s.*	Aufbau mit Ofenbrücke am Bauernofen
gschàmig	schüchtern
Gschau *s.*	Aussehen, Gesichtsausdruck
Gscher *s.*	Mühe, Schererei
gschèrig	umständlich
gschert	eingebildet, vorlaut, ungebildet
Gschichtl *s.*	Anekdote, Histörchen
Gschiss *s.*	großes Aufheben
gschlacht	schön gewachsen
Gschlìngala *s.*	Innereien, Gedärm
gschmàckig	gut schmeckend
gschmàidig	knapp
gschnålln sein	fix und fertig sein, besoffen

gschnappig	vorlaut, frech
gschòssn	verfärbt, unverhältnismäßig hoch gewachsen
gschpàssig	absonderlich, merkwürdig
gschsprenklt	mehrfarbig
Gschpùela *w.*	Schweinefutter aus Essens- und Küchenabfällen
Gschpusi *w.*	Liebelei
Gschritt *s.*	O-Beine
Gschroa *s.*	Geschrei, Lärm
Gschtrappl *s.*	Plunder, Zeug
Gschtraun *m.*	männliches Schaf
gschtraunnorret	total verrückt
gschtròft	bestraft
gschtrùzt voll	übervoll
Gschuich *w.*	Frau mit den Eigenschaften einer Vogelscheuche
Gschwafl *s.*	dummes Geschwätz
gschwing	sofort, schnell
Gsèfter *m.*	dünnes Rinnsal, **Loahmsieder**
Gselchts *s.*	Räucherfleisch vom Rind oder Schwein, Zungenbrecher für Italiener
Gsott *s.*	mit Stroh verschnittenes Heufutter
Gstanzl *s.*	Liedchen, Serenade
gsteckt voll	hoffnungslos überfüllt
Gstell *s.*	Körperbau, Figur; **a Gstell håbn** viel Aufhebens machen
gsundstèssn, sich	sich sanieren, bereichern

Guardia *w.*	*ital. milit.* Wache, Wachposten, **Guardia-stìen** Wache stehen
gùet!	o.k.!, *gùeter Låpp* gutmütiger Mensch
Gùetele *s.*	Süßigkeit
gùeting, gùatling	mindestens, eher mehr
guet-sain-låssn	aufhören, klein beigeben
guffn	verprügeln, >*pecken;* **Guff** *m.* das runde Ende vom Ei, **jmdm. Guff gebn** herschlagen
Gufl *m.*	gebogenes, krummes Holzstück, Kufenholz
Gufl *m.*	Gärfass
Gùgger *m.*	Fernrohr, Augen
Gùggerle *s.*	Guckloch, Dachluke
Gùggnai *m.*	Urgroßvater im Ultental
Gùggu *m.*	Enzian, Kuckuck
Gùglhupf *m.*	Kuchen
guit und genui	drückt eine zufriedenstellend erfolgte Sättigung von >*Puschtra* Tischgenossen aus
Gùmmiådler *m.*	Brathuhn auf Wiesen- und Dorffesten
Gunggl *m.*	Haarknoten
gùnnen	vergönnen
Gupf *m.*	Hügel, konvexe Bodenanomalie *(sic! im südt. Fahrschuldeutsch)*
Gurgl *w.*	Rachen, Kehle. *G. waschen* trinken

Gurkn, fade	zurückhaltendes Mädchen, *rostige G.* jungfräuliches Mädchen älteren Jahrgangs
Gùsto *m.*	*ital.* Geschmack
gùtschln	kitzeln
Gwånd *s.*	Kleidung
Gwang *s.*	Fenster- od. Türlaibung
Gwax *s.*	Gewächs
Gwelm *s.*	Gewölbe
gwùndrig	neugierig
gwornen	spüren, rechtzeitig bemerken
Gwùser *s.*	Gequirl, Durcheinander

's G håt gnùa,
's H haut zua

H

ha?	Fragewort, ersetzt das „Wie bitte?“
haal	glatt, schlüpfrig, **Haaler** *m.* falscher, schlüpfriger Mensch
haale-haale!	auf-auf! im Unterland
haam, huam	nach Hause
Haarl *s.*	Härchen, stammt meist aus Suppen oder intimeren Bereichen
hàbbig	geizig, sparsam
Håber *m.*	Hafer
Hàberer *m.*	Liebhaber
Håckbrett *s.*	zitherähnliches Instrument, wird mit Hämmerchen bespielt
Hafele *s.*	Kochtopf
hàfftig	eilig, eifrig
Haflinger *m.*	blondmähniges, fuchsfarbenes Pferd, nur echt mit eingebranntem >*Edelweiß* am Hintern, nach dem Ort Hafling bei Meran benannt
Haftl *s.*	Verschluss bei Kleidungsstücken, z.B. BH
Hàftlbeißer *m.*	aufpassen *wia a H.* ängstlich aufpassen
Haftlpitscha *m.*	Pusterer Geizhals
Hagi *m.*	Stein, Felsen in Altbozen

Haifl *s.* Häuflein

haillos hoffnungslos, *haillos guet!* exzellent!, erste Sahne!

haint heute, **haintig** modern

Haiserin *w.* Wirtschafterin, Pfarr-H.

Haisl *s.* Toilette mit Herz und Plumps

Haislgruab *w.* Klärgrube ohne Klärung

Haislkinig *m.* pyramidale Aufhäufung am Plumpsklogrund

Haislråtz *w.* altgediente, verschlissene Prostituierte

Haisraggler *m.* Kanalreiniger; **Haislragg** *w.* Latrinenputzbürste

Hàkele *s.* Häkchen, Streitmotiv

haklen streiten, **Hakl** *s.* Zwist, kleines Beil, Metzgerbeil

Hålbe *w.* halber Liter Wein, *„no a H.!"* Reflex bei Neige in den Gläsern

Hålbeter *m.* Halbidiot

Hålbgschlogener *m.* Schlagsahne

Hålbmittåg *s.* Arbeitsunterbrechung zur Stärkung gegen 9 Uhr früh

Hålbperlägget vertrottelt

Haliwàggl *m.* willenloser Mensch

Hallòdri *m.* leichtlebiger Mensch

Hàmburger *m.* Fleischklops, der immer mehr das handwärmende heimische Würstl verdrangt, nach den >*Parisern* der zweithäufigste Ausländer in Südtirol

Handsch *m. Mz.* Handschuh
handlen verhandeln, Handel treiben
Håndwagele fahren onanieren
Handwerkerzone *w.* Gewerbegebiet, wo neuerdings Handwerker immer mehr durch Maschinen ersetzt werden
Hånger *m.* Kartenkombination beim >*Perlaggen*
Hangerle *s.* Trockentuch
Hàngl *m.* Haken
Hàngn *m.* *òan H. håbn* rauschig sein, einen Affen (hängen) haben
hån-i ! hab ich!, von **håbn** haben, *„I hån di gern!“* ich liebe dich!
Hanny Paul weltbekannter Gletschermilchmelker in Sulden
Hansl *m.* erstes, schales Zapfbier
hansln veräppeln, >*pflanzen*
Hàntele heben Händchen halten, beistehen
Håntìerer *m.* unqualifizierter Arbeiter
hàntig bitter
hàppern mangeln, nicht klappen
hardigàtti ! Verballhornung von >*Herrgott!*
hardimitzn ! hardigatti entschärft
Harml *s.* Wiesel
Hàrras *w.* Obstkiste
hårt schwierig, **hårt-tìen** es schwer haben, *„hårt ist das Leben in den Bergen von Rio“* Südtiroler

Brasilienfahrerlied; *„der Tiroler tùet si hårt leichter“* Beobachtung aus der Verhaltensforschung

Hàsalan *s. Mz.* Halselnusssträucher

Hàscherle *s.* armseliges Wesen

Hasl *s.* Häschen, Mädchen

håts di? (beim Latz) spinnst du?

Hàtscher *m.* langer, mühseliger Fußmarsch

Haufn *m.*, **a H.** eine große Menge, viel

Hàusbaitl *m.* Hausmeister im Gastgewerbe, meist von vielen Besorgungen im Weinkeller gezeichnet

häusl brav, anständig

hausn haushalten, wirtschaften, *wild h.* auf den Putz hauen

Hàuswurscht *w.* frische Brühwurst nach Hausmacherart, außen ein Darm, was drinnen ist, ist wurscht, Sauerkraut dazu

haxln ein Bein stellen

Hax *m.* Bein, Stelze

Hebl *m.* Griff, Schaft

heb di Gosch! Bitte um Stillsein

hèbn halten, festhalten, aushalten, ertragen. Für Preußen nicht zu verstehen: Die Schuhe heben das Wasser nicht

Hègedex *w.* Eidechse

Hegl *m.* Kumpan, Kamerad

heibadlen	kurbaden in frischem Almheu, heute noch in Völs am Schlern
heidn	Heu machen
heielen	schlafen
Heihupfen *s.*	bäuerliche Indoor-Sportart, besonders attraktiv als gemischtes Doppel
Heihupfer *m.*	Heuschrecke
Heiliges Lånd *s.*	Tirol, und nicht wie fälschlicherweise oft behauptet, Palästina
heint	heute
heint-åcht-tåg	in einer Woche
Heiter *m.*	Jammergestalt
heìtscheln	liebkosen
helfgott!	Gesundheit!
Henn *w.*	schneidiges Mädchen, Legehuhn
Hènnåfter *s.*	Hühnerfutter
Hènnrupfn *w.*	Gänsehaut
herbürstln	*jmdn.* herschlagen, verprügeln
herèntn	herüben
hèrgabig	großzügig
hérhåbn	imstande sein, jmdm. gewachsen sein
hèrpassn	warten, abwarten
Herrgott *m.*	muss für alles herhalten, *H.-sakrament!, H.-na! usw.*
Herrgottskinder *s.*	Einwohner Kalterns
Herrische(r)	gut betuchte(r) Bürger(in) aus der Stadt

hert	hart
herwärts	herüber, ungefragt, *herwärts schaugn*
Herz Jesu	Angesichts der herannahenden Truppen Napoleons erkoren sich die Tiroler 1796 den Herzmuskel Christi (der Rest war anscheinend schon vergeben) zum Schutzpatron des heiligen Landes. Wahrscheinlich einem >*Herzkasperle* zufolge kamen die Franzosen trotzdem und erschossen den guten Andreas >*Hofer*. Zum Gedenken lodern am *Herz-Jesu-Sonntag* im Juni auf Südtirols Bergen weithin sichtbar die *H.-J.-Feuer*
Herzkasperle *s.*	Arhythmie, leichte Herzschwäche
Herzkratzerle *s.*	Herzdame
Hess!	Hinterwäldler! Schimpfwort
Hètschapetsch *w.*	Hagebutten
Hetz *w.*	Spaß
hètzig	lustig, erstaunlich
Hias, Hiasl *m.*	armer Heiter, Matthias
hìeger	diesseits, herüben
Hiesiger *m.*	Ansässiger
hìldern	widerhallen
himlaatzen	wetterleuchten
Himmeltata *m.*	Gottvater
himmlaun	himmelwärts, Dankeswort
Himmlhenn *w.*	Klosterfrau

Hìmmlprant *m.*	Königskerze
Himper *w. Mz.*	Himbeeren
hin, hinig	kaputt, schadhaft, tot
Hinfållete; 's H. *s.*	Epilepsie
hinterfotzig	arglistig, heimtückisch
Hinterlåder *m.*	neuzeitliches Gewehr, Analverkehrer
hìnterrucks	heimtückisch
hìnterschattig	schattseitig
hinterschi	rückwärts, zurück, **h. reden** italienisch sprechen
Hintertux	Ort im Zillertal oder wo sich Fuchs & Hase Guetnåcht sagen
hintndràin	rückwärts innen, *„ihn hintndràin håbn"* gelackmeiert worden sein
hintnentnuntn	sehr weit entfernt
hintnòffn sein	in der Patsche sein, *„hintnòffn sein wia a wàlsches Pòppele"*, sehr im Argen liegen
hìnwern	zugrunde gehen, eingehen
Hìo *m.*	Rausch mittlerer Stärke
Hìrnkastl *s.*	oberes Stübchen, manchmal recht einsam, **Hirn** *s.* Stirn
Hirnpìppala *s.*	mit größerem Dachschaden behafteter Oberetscher
Hirnpofèsen *w. Mz.*	gebackenes Kalbshirn
Hirnschiss *m.*	blödsinniger Gedankengang
Hìrnschlosser *m.*	Psychiater, Nervenarzt
Hìrnschmirb *w.*	Weihwasser

Hirntripper *m.*	Verblödung
Hirsch *m.*	größtes heimisches Wild, Kleinbehirnter
Kàpplhirsch *m.*	uniformierter Beamter
Hitler, Adolf	Gott sei Dank kein Südtiroler, Postkartenmaler aus Braunau, später Führer des Deutschen Reiches, Großserienmörder, Brandstifter, Psychopath und Freund >*Mussolinis,* dem er >*Südtirol* überließ, wofür sich die >*Südtiroler* mit 8.000 Weltkriegtoten in deutscher Uniform bedankten
hl. Ulrich	Patron der Speiber und Kotzer
hl. Urban	Weinpatron, bei Missbrauch >*hl. Ulrich* anrufen
Hitt *w.*	Hütte, Haus
Hoachgschissener *m.*	Snob
hiundoamòll	ab und zu
Hòadra *s.*	Heidekraut
hoach	hoch, steil (sarnerisch)
hoaggl	heikel
hoaln	heilen
Hòamatl *s.*	Heimat
hoamatlen	nach „Heimat" riechen
hòamgeign	*Låss di hoamgeigen!,* verschwinde!
Hòamgìener *m.*	Drang nach Hause, Aufbruch

Hòamgìener

Hoangartn *s.*	abendliches Beisammensein mit Tratsch, Gesang und Wein
hòaß!	heiß, auweh!
hoazn	heizen
Hoazet *w.*	Hochzeit
Hòbergoaß *w.*	Waldkauz, sein unheimlicher Schrei bedeutet Schlechtwetter oder Todesfall
Hoblschoaten *w. Mz.*	Holzabfall
hobn	haben
Hocker *m.*	Haufen
hockn, huckn	sitzen, *hock di her* setz dich zu uns
Hof *m.* **geschlossener**	endemisches Südtiroler Erbrecht: Der gesamte Hof geht an den Erstgeborenen, der Jüngste durfte dafür ins Kloster, >*offene Liegenschaft*
Hofer, Andreas	trinkfester Südtiroler Freiheitsheld, Wirt und Weinhändler aus dem Passeiertal, organisierte den Widerstand gegen die napoleonische Besetzung, schlug diese dreimal am Berg >*Isel* bei Innsbruck, wurde nach Verrat verhaftet und am 20. Februar 1810 in Mantua erschossen
Hofn *m.*	Kanne
hoi!, holla!	hallo!
Hòler *m.*	Holunder

Holermùla *w.* eingedickter Holundersaft, auch **Holasulz** *w.*

Höll *w.* Nische am Bauernofen

Holz vor der Hüttn Prachtbusen

Hòlzerner *m.* grob geschnitzter, unverbildeter Mensch

Holzgschnitzelter *m.* Grödner, Bewohner des weltberühmten Holzschnitzertales

Hòlzleg *w.* Platz für aufgeschichtetes Brennholz

Hopp-Hopp *m.* Wiedehopf

Horleg *w.* Frisur

Horn *s. Mz.* Hörner, Geweih

Hosnkraxn *w. Mz.* Hosenträger

Hosntürl *s.* Hosenlatz

Hòsnlupfer *m.* Variante beim >*Schuechplattlen*

Hòtta *w.* *kindlich* für Pferd, **hottareitn** Schaukelpferd reiten

hòttern rütteln, durchrütteln

Hottl *w.* beleibte Dame, >*Wåsen-H.* Kröte

hou! nicht wahr? im Passeiertal (nicht zu verwechseln mit dem *how!* der Indianer)

Houbich *m.* Habicht

H.P.D. Signet für ungebührliche Zeichnungen auf der letzten Seite der >„*ff*" und anderswo, Autor, Grödner und hier Wörterbuchverfasser

Hùascht *w.* Husten, „*jetzt hån i di bei der H.!*"

	ertappt!, *„de kennt die Knåppen schun bei der H.!"* Fräulein mit breit gefächerter Intimbekanntschaft
hùaxn!	verflixt!
huckn	hocken, einsitzen, *òan huckn håbn* betrunken sein: **òhuckn** absitzen
hùdeln	übereilt und schlampig handeln
Hùet *m.*	Hut, endemische Formen: **Tiroler H., Trenker-H., Seppl-H.,** *in Hùet drauhàun* etwas beendigen
huir	heuer
hukkn	sitzen **h. bleibn** die Klasse wiederholen müssen
Hùndling *m.*	durchtriebener Typ, auch **Hundiàner** *m.*
Hùpfer *m.*	Sprung
huppn	Kind im Arm halten, wiegen
Hur *w.*	im Sarntal allgemein und ohne beleidigende Absicht für Frau, im übrigen Südtirol wie im Rest der Welt: Erostesse
Hurenjager *m.*	Hurenbock
Hurenslèttn ! *m.*	Kraftausdruck für *„Scheiße!"*
Hurenstråppel *w.*	defekte od. gefährliche Maschine
Hùrn-iber-die-Wänd!	das ist doch die Höhe!
hùrtig	ziemlich
Huscher *m.*	Dachschaden
hùssn	hetzen, *auf-h.* aufhetzen, bellen

hùtschn	schaukeln
Hùtterer, Jakob	Pusterer aus St. Lorenzen, glaubte ehrlich an Gott und das Gute im Menschen, fataler Fehler: 1536 wurde er in Innsbruck als Ketzer verbrannt. Seine Nachkommen, die *Hutterer,* leben in den USA und Kanada.
Huttl *w.*	Putzlappen, alte Frau
Huttlhandler *m.*	Modeboutiquenbesitzer
Hydràntnòstaber *m.*	Feuerwehrmann
Hydrauliker *m.*	Installateur

*'s **H** flìegt **hùrtig** ò,*
*'s **I** isch a schun do*

I

I	ich, nicht zu verwechseln mit dem Autokennzeichen für Italien
Ialn *m.*	Goldregen
iatz	jetzt
ìber	übrig
ibergràttlen	überfahren, niederführen
ìberòrtkemmen	sich einig werden
iberreißn	verstehen
ìberschi	aufwärts, obenauf
iberstèlln	überwerfen
ìbertian	Kochtopf aufstellen
ibittdigårschien	kommt gar nicht infrage, hör' auf!
Identitetskårtn *w.*	*ital. carta d'identità* Personalausweis
ièbedere	beide
ièner	vorhin
ìirn	stören, hindern, im Wege stehen
imene	ihnen, *ihrig* ihr
ìmiger	ihrer
indergaling, ingàlischn	irgendwann, mit der Zeit
infadlen	einfädeln
Infång *m.*	umzäuntes Areal, Pferch
infatti	*ital.* in der Tat

ìnfilln	einfüllen
ìnfrischn	Blumen ins Wasser geben
ìngetetscht	eingedellt
ìngiahn	betrogen werden, jmdm. aufsitzen
Ingreisch *s.*	Innereien, Gedärm
ìngrintn	einprägen, **ìngrint** grundtief
ìnhebn	bremsen
ìnhokn	zerteilen des geschlachteten Schweines
ìnhol	konkav, nach innen geformt
inkasinìern	*ital.* durcheinanderbringen
inkazziern	*ital.* ärgern, *sich i.* in Rage geraten
ìnkentn	anzünden
inkraìz	verkreuzt, kreuzquer
ìnkuin	wiederkäuen
inkulìern	*ital.* übel betrügen, übervorteilen
ìnmåchn	eitrig entzünden,
innen	hinein
ìnnet wern	spüren, bemerken
ìnnet	innen
ìnni	hinein
ìnnimessn	einpassen
ìnaireitn, jmdn.	jmdn. in eine Sache hineinziehen
ìnnisågn, in òan	jmdm. gehörig die Meinung sagen
ìnnistocken	einräumen, stapeln
Innsbrucker *w.*	Dauerwurst
Inschinìer *m.*	Ingenieur, Techniker mit Krawatte
inschnåppn	ausrasten
ins	uns

insriger	unserer
Isel, Berg	Anhöhe südlich von Innsbruck, Schauplatz und Gedenkstätte der Tiroler Freiheitskämpfe von 1809
Italien	Mittelmeerhalbinsel, 1919 im >*Pariser* Vertrag von Saint Germain Südtirol zugesprochen
IVA *w.*	*ital*. Mehrwertsteuer, bei Schwarzhändeln ungebräuchlich

*'s **I** håt gråd ausgschissn und **i**sch går*
*'s **J** steaht jàxig jez davor*

J

Jàgatee *m.*	aus Nordtirol importiertes Potenzmittel, Gegenmittel: *Germknödel* (ebenfalls importiert)
Jàger *m.*	3,20 m grüner Stoff und ein blöder Hund (Tierschützerdefinition)
Jànker *m.*	Woll- oder Lodenjacke
jàxig	bockgeil
Jèssas-låtn-òbn!	bitte verschon mich damit!
Jèssasmariaundjosef!	die hl. Familie, wie sie leibt und lebt
Jessas-na!	unglaublich!
Jòchgaier *m.*	jodelnder Alpinist, Bergfex, Schreier
Jodler *m.*	Kommunikationsmittel der Bergbewohner
Jog *s.*	Joch
Joggl *m.*	Jakob, *Tappeiner J.* Fotograf mit Flügeln aus Lana
Jopp	Sakko
Jud *m.*	anat. Kitzler
Jul Bruno, Laner	bärtiges Südtiroler Original, Autor, Fischer und Philosoph
jùzn	jauchzen

*em **J** håmmers jez gråd àusdertriebn,*
*'s **K** werd **k**lòan und groaß gleich **k**omisch gschriebn*

K (G)

Kabl *m.*	Karabinieri
Kåchl *m.*	Nachttopf
Kagàta *w.*	*ital.* Blödsinn, **si nix kagieren,** sich um nichts kümmern
Kagòn *m.*	*ital.* Hosenscheißer, Feigling
Kagarèlla *w.*	*ital.* Dünnpfiff
kaif	fest, prall
Kaiser Fr.-Joseph I.	nostalgischer Übervater; sein bekanntester Spruch: *„Es hat mir gut gefallen, es hat mich sehr gefreut!"* Gott erhalte Franz den Kaiser ..., denn er ist schon lange tot
Kaiserjager *m.*	das Privileg, im I. Weltkrieg für Gott, Kaiser und Vaterland in Galizien, an der Dolomitenfront und anderswo verbluten zu dürfen
Kakanien *s.*	despektierlich für das vergangene k.u.k. Österreich-Ungarn
kalbern	hineintollen
kàkkio	*ital.* Ausruf des Erstaunens
Kålbin *w.*	jungfräuliche Kuh
kàlmo	*ital.* ruhig, besonnen, cool
Kålterer *m.*	Südtiroler Urapfel, heute fast ausgestorben, >*Herrgottskinder*

Kålterer Sea *m.*	kleines Gewässer in Südtirol, größter Weinsee, meist bei 12° Alkohol
Kaltschètto *s.*	*ital.* Tischfußball
Kàlzig *m.*	Tasche im Frauenrock
Kambiàle *w.*	*ital.* Bankwechsel, **Kabriolée** wenn geplatzt
Kaminkehrer *m.*	Schornsteinfeger, *„Er kehrt nie wieder"* steht auf manchem Grabstein dieser Glücksbringer
Kamìnspatz *m.*	*ital. spazzacamino* Rauchfangkehrer in Branzoll, *„Tàta, hait isch dr K. dogwesn, wenn die Mama net fiergstånd'n war, hat der >Fokolòtti glått in Herd innigebrunzt!"*
Kaminwurz *m.*	rauchgeselchte Dauerwurst
Kàmion *m.*	Lastkraftwagen
Kåmmer *w.*	Schlafzimmer, >*Gitschen-K.* war beheizt, *Bùeben-K.* nicht
kamòt	gemütlich, angenehm
Kåmpf *m.*	toniges Gestein
Kampl *m.*	Kamm, *k.-en* kämmen, **blöder K.** dummer Mensch
Kànapee *s.*	Sofa
kandalèmpio!	*ital.* herrgottsakramentnochmal!, auch **kàndaloschtia!**
Kåndl *w.*	Kanne
Kanker *m.*	*ital.* Krebskrankheit
Kapàrra *w.*	*ital.* Anzahlung
Kapèllmoaster *m.*	Musikdirigent

Kapitàno *m.* — *ital.* Hauptmann
Kàpo *m.* — *ital.* Maurerpolier, Chef
Kaporàl *m.* — *ital.* Gefreiter
kapòres — tot, kaputt
kåpp — gehabt
Kàppa *w.* — *ital.* techn. Deckbetonschicht, Abzugshaube
Kappl *s.* — Mütze, Dienstkappe, *anat.* Eichel
Kaprìtzn *w.* — unnötige Ansprüche, Sonderwünsche
Kaputschìno *m.* — *ital.* große Tasse Kaffee mit aufgeschäumtem Milchhäubchen
Kapuzinerwaschtl *m.* — von unverständigen Kunstbanausen zersprengtes Alpinidenkmal auf dem Brunecker Kapuzinerplatz
Karabinièristation *w.* — Gendarmerieposten von *ital.* Stazione (= Standort) Carabinieri
karessìern — flirten
Karfiòl *m.* — Blumenkohl
Karnìkl *m.* — *ital. cunicolo* abgedeckte Wasserrinne
Karòtte *w.* — Möhre
Karpf *m.* — Karabiniere(-i), Süßwasserfisch
Kårrner *m.* — fahrendes Volk, abschätzig für Bewohner des oberen Vintschgaues
Kartabollàta *w.* — *ital.* Stempelpapier
Kårter *m.* — Kartenspiel(er)
Kas *m.* — Käse, Unsinn, Sonntagsreden von Politikern
Kasèllo *m.* — *ital.* Mautstelle auf der Autobahn

Kaser, N.C.	K., Norbert Conrad, Südtirols größter Lyriker, trinkt im Himmel
Kasèrn *w.*	Polizeiwache
kàsig	blass
Kasino *m.*	*ital.* Unordnung
Kàsneger *m.*	blasser Mensch
Kàspappelen *s.*	Malvengewächs, Käsegebäck, Unreinheiten im Genitalbereich
Kastelruther Spåtzen	liefern Lieschen Müller das Schmalz, aus dem die Träume sind, für Ornithologen der Beweis, dass auch ein Spatz ein Hirn hat
Kåstn *m.*	Schrank
Katakombenschule	in der K. wurde während des Faschismus (1922-1943) Südtiroler Kindern die verbotene deutsche Muttersprache beigebracht
Kathl, Kathi	Katharina
Kåtz *w.*	attraktives Mädchen
Kåtznmusi *w.*	dodekaphonisch ausgelegte musikalische Darbietung unflätiger Texte in Begleitung ungeeigneter Instrumente zum Junggesell(innen)enausstand
kàtzig	verärgert
Katzimiei	*ital. cazzi miei,* meine Sache, mein Problem, *katzituoi* dein Bier, oft auch inkorrekt *„das sind meine katzituoi"* oder *„deine katzimiei"*

Katzlmåcher *m.* Italiener

kàtzn *was katzt des mi?* was geht mich das an?

Kåtzngschroa *s.* Röstkartoffeln mit Essig und Zwiebeln abgemacht

Kàtzo *m.* *ital. cazzo, männl.* Glied, auch **Kakkio** häufigster Südt. Fluch- und Begeisterungsausdruck

kaucht heiser

kàufetvoll übervoll

Kàwolo *m.* *ital.* Kohl, Bedeutungloses, **inkawolìern** in Rage geraten (Jugendjargon)

Kazzàta *w.* *ital.* Unsinn

Kèarl *s.* Erker

kearn Heu wenden, zugehören

kebn dichthalten

kèchazn laut stöhnen, geräuschvoll atmen

Keeler *m.* Unterlandler Weinkeller, Aufenthalts- und Konferenzraum

Keelerpartie *w.* Weinverkostung im Südtiroler Unterland

Kèhrtatl *s.* Kehrschaufel

Kehrwisch *m.* Handbesen

Keil *m.* Rausch

Keit, in K. låssn in Ruhe lassen

kèksn *>eiern,* nerven

Kell *w.* Spachtel, Schöpfer, **leck die Kell!** beim Zeus!

Kentl	Holzbündel zum Heizen
kèmmen	kommen, *kimmsch >bol?*, zum Orgasmus k., *isch's dir kemmen?*
kèrezn	quietschen z.B. ein Scharnier k.
Kerschn *w. Mz.*	Kirschen
Kerschnklauber *m.*	Dahergelaufener
Kerznschmelz-brùeder *m.*	Betbruder, Bigotter, *>Betnòppl*
kesslùn	nichts geht mehr
kètschn	werfen, *engl.* **Kètch** (Jugendjargon)
khèbn	(wasser-)dichthalten
Kìachl *m.*	gastr. Spezialität, *Äpfel-K., Knia-K.*
kibitzn	spionieren, sich als Nichtbeteiligter ins Kartenspiel einmischen
Kibl *m.*	Automobil, Gerät zum Butterschlagen
Kìblmilch *w.*	Buttermilch
Kiem *m.*	Kümmel
Kien *s.*	in die Jahre gekommene Wurzel der Kiefer; taugt zum Herdfeuern
Kìgelen, *w. Mz.*	Kügelchen, Hoden, auch **Pàllelen**
kilb	bewölkt, **kìlve** im Pustertal
killn	töten
Kinèes *m.*	Asiat, komischer Mensch
kinigott!	weiß Gott!
Kìnihås *m.*	Kaninchen
kìnzn	Kinder hüten, babysitten
Kìrbis *m.*	Schädel, Dummkopf
Kirchenzettl *m.*	Pfarrblatt

Kìrchtig *m.*	Kirmes
kirnig	griffig, keif
Kischtn *w.*	Sarg, Bettstatt, Auto
Kittl *m.*	Rock
klàberisch	nervös
Klachl *m.*	grobschlächtiges Mannsbild, dicker Nasenpopel
klàhnen	schmieren, ausschütten
Klåmm *w.*	Schlucht
Klåmpf *w.*	Gitarre
Klapf *m. Mz.*	Pflastersteine
Klàubàu *m.*	Teufel
Klauber *m.*	saisonaler Obstpflücker
Klaubing *s.*	Grünfutter
Klèaratil *w.*	manchmal noch im Passeiertal verwendet: Sack- oder Armbanduhr, Verballhornung aus der napoleon. Franzosenzeit *„quelle heure est il?* wie spät ist es“?
klèazln	appetitlos essen, herumstochern, langsam arbeiten
klèkkn	genügen, ausreichen
klèmmen	geizen
Klèmmer	Geizhals
Klèmmseckl *m.*	Geizkragen
klèschn	knallen, *jmdm. oane k.* ohrfeigen
Klessa *w.*	kleine Kutsche, Kalesche
Klettn *w.*	äußerst anhängliche Person
klìebn	spalten

Klinglbeitl *m.*	kirchlicher Spendensack, in dem es seit der Einführung des Euro nicht mehr raschelt
Klingler *m.*	Rausch
Klippl *s.*	Haarspange
Klitschn *w.*	Bruchbude
Kloa *w.*	Klaue
Kloanscheißer *m.*	Pedant
Klòatz *w.*	Trockenbirne, Nonne
Kloben *m.*	Umlenkrolle (z.B. beim Erdgrattln)
Klòkker *m.*	Mordskerl, Türklopfer
klokkn	klopfen, verprügeln
Klosett *s.*	Abtritt mit Wasserspülung
Klotz, Eva	Südtiroler Freiheitsstatue mit Zopf
klùeg	weich, zart, gefühlvoll, fein
klùen	klein, winzig
Kluft *w.*	*ydd.* Gewand
Klùmperer *m.*	starker Husten, geräuschvoller Trittschall
klùmpern	donnern, Krach machen
Klunz *w.*	Spalt, Vagina, Szenelokal in Völs am Schlern
Klupp *w.*	Wäscheklammer
knaatschen	zerdrücken
Knàcker *m.*	alter Mann
Knåpp *m.*	Bursche
knèffn	maulen, meckern
kneißn	kapieren
knialn	knien

Kniaschlàtterer *m.*	Wackelknie bei längerem Bergabgehen
knill	arg betrunken
Kniittl *m.*	ordentlicher Prügel, Typ, Sonderling, Original
Knilch *m.*	kleiner Mann, Zwergwüchsiger
Knödel *m.*	Kloß, Südtiroler Nationalgericht, *Fasten-K., Speck-K., Leber-K., Spinat-K., Kas-K., >Marillen-K., Zwetschgen-K. u.a.m.*
Knödelakademie *w.*	Frauenoberschule
Knödelwurst *w.*	ärmlicher Speckersatz für Speckknödel
Knofl *m.*	Knoblauch
Knopf *m.*	Knoten, Geldstück
Knortsch *m.*	knorriger Ast od. Baumstamm, Typ ohne Finessen
Knoschp *m.*	Holzpantine, grober Mensch
Knòspelen *w.*	Brüstchen
Knottl *m.*	Knöllchen, Pferdeapfel, Bauernmädchen
knottlt	sehr dreckig
Knottn *m.*	Berg, Fels, **Knottnkino** *s.* Aussichtskanzel bei Vöran mit Kinosesseln
Knùidl *m.*	Knäuel
knutz	klein, mickrig, **Knùtzeter,** Kleener
kòa, kòaner	kein, niemand
Kòat *w.*	Käfer, Insekt, Kleinkind

Kòat *m.*	ungeschickter, blöder Mensch
Koatlackler *m.*	generell für Innsbrucker, speziell für Höttinger (Innsbrucker Stadtteil)
Kòbis *m.*	Kohl, Krautkopf, neben den Erdäpfeln das einzige Pustertaler Obst
Kofl *m.*	Berg, Hügel, großer Stein
kölbern	kalben
koltn	behalten
kühlen	knurren, bellen
Kokolori *s.*	buntes Durcheinander
Kollàudo *m.*	*tech.* Prüfung, Abnahme, **kollaudiern** *tech.* prüfen
Kolonèllo *m.*	*ital.* Oberst, Oberstleutnant
Kolonie *w.*	Kinderurlaubseinrichtung an der Adria aus Duces Zeiten
kommòt	bequem
Kondòno *m.*	*ital.* Strafnachlass
Kondschèdo *m.*	*ital.* Entlassungsschein vom Militärdienst
Kòno m.	*ital.* Eistüte
Kònterbam *m.*	Balkenauflager für Weinfässer
Kontrapèllo *m.*	*ital. milit.* Appell nach Zapfenstreich
konvenieren	*ital.* lohnen, auszahlen
Konzàal *w.*	Butte, >*Zumm*
Kopèrto *m.*	*ital.* Maut für den gedeckten Tisch in Restaurants
kòpfn	überlegen, grübeln
Kòpfsiech *s.*	Kopfschmerz

kopfüberårsch	kopfüber, verkehrt
Kopràtter *m.*	Jungpriester, heute fast ausgestorben
Kòrnmandl *m.*	aufgerichteter Ährenbund, heute ausgestorben, dafür gibt es jede Menge Strohmänner
Korrètto *m.*	*ital.* Espresso, mit Schnaps oder Fernet korrigiert
Korrièra *w.*	Postbus
Köschtn *w.*	Edelkastanie, Maroni
Köschtnklauber *m.*	Nordtiroler Besucher zur Herbstzeit
Kòster *m.*	Kostprobe
kostnix	gratis
Kotlèttn *w.*	Backenbart
Kòtter *m.*	Tierkoben, Gefängniszelle
kòtto	müde
Kòzze *w.*	*ital.* Miesmuscheln
Kra *m.*	Rabenvogel
kràaln	kratzen, schaben
Kràcherle *s.*	Sprudelgetränk, *K-wasser* Mineralwasser
Kråchlederne *w.*	Lederhose
kråd	gerade, aufrecht
Kragl *s.*	Hals
kràhaxet	x-beinig, dünnbeinig
kràischtn	keuchen, schwer atmen, luststöhnen
Kraitl *s.*	Petersilie
Kraiz *s.*	Mühsal, Rücken

Kråchlederne

Kraiztraiber *m.*	Prozessionsfeldwebel, Ordner bei relig. Feiern
Kraler *m.*	Kratzer
kraln	kratzen
Kråmmlahn *w.*	Grundlawine
Kråmpe *w.*	alte Stute, Eisenklammer, bäuerliche Eier- und Butterhauslieferantin
Kråmpf *m.*	Fehlleistung, Blödsinn
Kràmpus *m.*	furchterregender Teufel, **Krampuståg** *m.* am 5. Dezember
Krànebitten *w.*	Wacholderbeeren, *K.->Staudn*
krànig	gelenksteif, muskelverkatert
Kranzl *s.*	Krönchen für die Jungferntracht, Figur beim Kegeln
krànzn	bedrängen
Krapfl *s.*	kleine zweigeteilte Brotform
Kråpfn *m.*	Krapfen, große Vagina
kråschglen	knistern, geistern
kratzlen	kritzeln
Kràutwalscher *m.*	Südtiroler ladinischer Muttersprache, Grödner, Badiot
Kravogl, Johann	aus Lana, er erfand im 19. Jh. den ersten brauchbaren Elektromotor, sein Beitrag zum Problem der Überbevölkerung: die Erfindung eines Schnellfeuergewehres
Krawàttl *s.*	Kragen
Krawòtt *m.*	Kroate
kràxlen	klettern

Kraxn *w.* Traggestell, Hosenträger, Auto
Krèckele *s.* verkrustetes Augensekret, klein gebliebenes, kränkliches Kind
Kredènz *w.* Geschirrschrank
kreizüberschi drunter und drüber
Krempl *m.* Gerümpel, nicht zu verwechseln mit dem Machtzentrum der ehemaligen Sowjetunion
Kren *m.* Meerrettich
krenggn nörgeln
Krepp *w.* Lungenkrankheit
krèppig schwindsüchtig
Kriagl *s.* tönerner Weinkrug
krìagn bekommen, beschimpft werden
Krìbeskrabes *s.* Durcheinander, kreuz und quer, gesammelte Südtiroler Kuriosa von H.P.D.
Krickl *s.* Reh- od. Gamstrophäe
krìgln husten, hüsteln
Krik *m.* *ital.* Wagenheber
Kripp *s.* *anat.* Kreuz, Lendenwirbelsäule
Krippnflicker *m.* Arzt, Orthopäde
Kritt *s.* Geschrei, Lärm
Kroagl *w.* Dame nach Ablaufdatum
Kròtnkraut *s.* Löwenzahn, Zichorie
Kròtnlåckn *w.* Froschteich und nicht Swimmingpool für Kroaten
kròpfet eingebildet
kropfn rülpsen, **Kropfele** Rülpser

Kròstoli *m. Mz.*	*ital.* Unterlandler Krapfen, auch Polsterzipf
krùagelet	gebogen, windschief
Krùagn *w.*	schiefes Körpergestell
Kruia *w.*	Heuwagen
Krum *m.*	Krampf
krùmen	stöbern, wühlen
Krùmer *m.*	Wanderhändler, meist aus dem Trentiner Mocheni Tal
krump	krumm
krumpe fùffzehn	zu später Nachtzeit
Kruzitirk!	Herrgottsakrament!
k.u.k. Doppelådler-stellung *w.*	die Hintern zåmmen, die Köpf ausanånd
Kuahloch *s.*	Blödian
Kùahtåtsch *m.*	Kuhfladen
Kùahtuttn *w.*	Euter
Kùahtuttntàngo *m.*	Bauernpolka
kuahtùttnvoll	prall wie ein ungemolkenes Euter, vollrauschig
Kubiktùr *w.*	Volumen
Kuchl *w.*	Küche
Kùchlkastl *s.*	Küchenanrichte, Völser Spezialitätenwochen im Herbst
Kudlmudl *s.*	heilloses Durcheinander
Kufr *m.*	Koffer
kùgelet	rundlich, prall
kùgeln, verkùgeln	stürzen, hinfallen

kùin kauen, **Kuibòan** *s.* Kiefer

Kuiòni *m.* *ital. anat.* Hoden, Eier, *geah mir net auf die K.!*

Kùipech *s.* Lärchenharz, der Kaugummi der Bergbauern, zugleich Zahnpasta- und Zahnbürstenersatz früherer Zeiten

kujonìern *ital.* verhöhnen

Kul *m.* *ital. culo* Hintern, **kulln** betrügen; **Kuller** *m.* uncharmant für Verlobter, auch Päderast, Analverkehrer, **kulo haben** Glück haben

Kulliòn *m.* *ital. coglione* Idiot, nervtötender Mensch

Kulturhaus *s.* gemauertes Festzelt, nach der Feuerwehrhalle wichtigste Infrastruktur in Südtirols Dörfern, etymologisch nicht verwandt mit >*Kul*

Kùmmerer *m.* Wanderhändler, Kommunist

Kumpf *m.* Wetzsteinbehälter, weitkragender Gesichtserker

kumpfòin verjagen; *„i wear enk schun k.!"* Ich werde euch zeigen, wo der Bartl den Most holt!

kùnig eingetrübt (Wein), verkatert

Kunkl *m.* Beule, Haarknoten

kùppelet umständlich, kompliziert, beleidigt

Kuratell *w.* Vormundschaft

kùrn	piesacken, in die Mangel nehmen
kùschn	sich unterwerfen, still sein
Kùtta *w.*	Menge Leute, Gesellschaft, Gruppe
Kùttenbrunzer m.	Geistlicher, Klosterbruder
kùttern	kichern bei Mädchen und Kindern
Kuvèrt *s.*	Briefumschlag

*beim **K** geaht uhne „**k**" schun går nix mehr,*
*'s **L** befleißt si teiflisch sehr*

L

Laab *w.*	Laube, Laub
Laabbiètn *s.*	Kartenspiel
Laafer *m.*	Rebenast
laar	leer, **àuslaarn** ausleeren, *„'s Sackl àuslaarn"* ejakulieren
laazn	irrlichtern
Lab *w.*	Hausflur
làbelet	weder Fisch noch Fleisch, schal
Lackl *m.*	grobschlächtiger Kerl, Penis
Làckler *m.*	Einwohner des Bozner Stadtteiles
Lahn *w.*	Mure
lackln låssn	nachlässig sein
Låck *w.*	Pfütze, *Lackele måchn* urinieren bei Hund und Kind
Làdele *s.*	Tante-Emma-Laden
låden	einladen, *Hòachzat låden*
Ladiner	letzte Mohikaner rätoromanischer Sprache, 20.000 von ihnen bevölkern auf Südtiroler Gebiet das Gröden- und Gadertal
Lådnerin *w.*	Verkäuferin
Lådum *m.*	lad. Abstellraum
Làfer *m.*	Beitrieb der Rebe

lafet	brünstig, *es Lafete hobn* immer unterwegs sein, sich herumtreiben
Laföttsch *m.*	Kessel zum Futtersieden
lahmårschet	faul, träge
Lahn *w.*	Mure
Làhnpletschn *w. Mz.*	Huflattich
lài	lediglich, nur
Lais *w. Mz.*	Läuse
Laìbele *s.*	Unterhemd, Trachtenweste; T-Shirt
Laich *w.*	Begräbnis
làichn	leihen
làichliegn	aufgebahrt sein, verkatert im Bett liegen
Lailig *s.*	Leintuch
laìmerscht!	sehr wohl!
laimitterle	normalerweise
làischier	baldigst, demnächst
làiserum	das würde Ihnen so in den Kram passen!, sonst noch was!
Làitlen *w. Mz.*	liebe Mitmenschen, *„Làitlen, so geaht des nètta!“*
Lälla *w.*	Zunge
Låmmer *w.*	steiniger Hang, **Stoanlåmmer** Kar
Lampele *s.*	Lämmchen, Lämpchen, Kontroll-leuchte
Lampl *s.*	Lamm
Låndeshauptmann	Südtiroler Regierungschef
Låndhaus *s.*	Landsitz der Südtiroler Regierung

Låndheisler m.	Landesbeamter mit hohem Melatoninspiegel
Låndstråß *w.*	Bundesstraße
lànganånd	andauernd, die längste Weile
långelet	länglich, oval
Langer, Alexander	Südtiroler Ikone der grünen und alternativen Internationale, Freitod 1995
Langes *m.*	Frühling
Låpp *m.*	weichlicher, willensschwacher Mensch, *Halb-L., Ober-L.* höchste Steigerung: *Lapp, lapperter Lapp!*
Lappele *s.*	Läppchen, Wischlappen
Låpphaufen *m.*	größere Ansammlung von Idioten
Larch *m.*	Lärche
Làrchener *m.*	grober, schwieriger Mensch
Lårf *w.*	Maske, ausdrucksloses Gesicht
Lasch *w.*	läufige Hündin, Nymphomanin
Laschtigbandl *s.*	Gummiband
Låssete *w.*	hingebungsfreudige Dame
Låtsch *m.*	Schlamper, unfähiger Mensch
Làtschen *w.*	Kiefergewächs im Hochgebirge, Schuhwerk
Latschenöl *s.*	ätherisches Öl aus der Latschenkiefer
låtschet	schlapp
Làtterer *m.*	Rausch, an L. håbn
làttern	scheppern, zittern, sich über andere den Mund zerreißen
latzn	mittels Seil einfangen, elektrisieren

Laubenkinig *m.*	Geschäftsinhaber unter den Bozner Lauben
Làur *m.*	Trichter
Laurin	sagenhafter Zwergenkönig im >*Rosengarten,* Laurin Demetz höchstgelegener Bergbauer (ca. 2.000 m) und Seiser-Alm-Original
Làuser *m.*	Bengel, Spitzbube, Schelm
làuter	flüssig, weich, nachgiebig, Lauterfresser
Làve *w.*	bäuerlicher Hausflur im Pustertal
Leabele *s.*	kleine Brotform
lèasln	*milit.* mustern, **Lèaslbuabn** Musterungskandidaten
Leasler *m.*	Jahrgangskollege
Leben, zu L. zìachn	sich erholen
Lebtåg *m.*	ein Leben lang
leckårsch!	o du meine Güte!
lèck-die-fettn!	allerhand!
Leff *m.*	junger Dummer
Leffl *w. Mz.*	Löffel, Ohren
legen, ban	*jmdn.* übervorteilen, betrügen
Lèger *m.*	abgesetzte Trübstoffe im Weinfass, Lagerplatz für Weidevieh auf Almen
Lèhrbeitl *m.*	Lehrling, Azubi
Leiferer Salami *w.*	Rettich
leischìer	bald einmal, unmittelbar
leiten	läuten

Leiten *w.* Hang, *Sunn-L.* Südhang
Lek, Lekka *w.* Salzlecke fürs Vieh
Lekkakül *m.* *ital.* Einschmeichler, Arschkriecher, auch **Lekkìn**
lèlln lutschen
Lèller *m.* Zunge
lèmpern lämmern
Lento *m.* langsamer Tanz, Vorstufe zum >*pempern*
Lèps *m.* wässriger Wein **L. Brùeder** Saufkumpan, **Lepsbirn** Saufkopf
Lèrget *s.* Baumharz
Lèschta *w.* *lad.* Fangspiel >*Derwìschelus*
lètschet matt, müde *„post coitum omne animal triste"*
Letschpèppn *m. w.* Mensch ohne Rückgrat, Weichling
Lèttn *m.* Schlamm
letz übel, schlecht, minderwertig
Lètze(r) *w.(m.)* Kleine(r)
Letzigschte, 's *s.* das Allerschlechteste, Schlimmste
lìecht hell
Lìechtmess *w.* Lostag im Bauernkalender (2. Februar), *„Liechtmess trüeb isch dem Bauer lieb", >Schlengltag*
Lìedergrèaschtl *s.* Potpourri von meist vaterländischen Liedern
lìegn lügen
Liesl *w.* Bier-Trinkhorn mit ca. 2 l Inhalt, Elisabeth

Liftl *s.* Windhauch

lind weich, mild; *„a linds Broat“*

Linie *w.* Telefonleitung, von *ital. linea; „die Linie isch gfålln“* von *ital. „è caduta la linea“* das Ferngespräch ist unterbrochen worden

link schlecht, minderwertig

Litschènza *w.* *ital.* Urlaub vom Militärdienst

Littorìna *w.* *ital. (alt)* Eisenbahntriebwagen aus Duces Zeiten, dem faschistischen Liktorenbündel gewidmet

Litzn *w.* Elektrodraht, **Schuach-L.** Schnürsenkel

Lizènz *w.* *ital.* Genehmigung

Lòade *w.* Seelenschmerz

lòadig sein verdrießen

Lòam *m.* Lehm, Stubenofen

Lòamsieder *m.* Langweiler

Lòan *w.* einholmige Leiter

lòanen lehnen, *zùebi-, ùmi-, àußilòanen hin-,* hinüber-, hinauslehnen, *òan lòanen håbn* betrunken sein

lòapn nicht ausessen, übrig lassen

lòarn trödeln, Zeit vergeuden

Lòasn *w. Mz.* Spurrillen

Lòater *w.* Leiter, Aufstiegshilfe

lòatn lenken

Loch *s.* Gefängnis, **inlochen** einsperren, *bleds Loch* unsympathische Dame

Lodene, 's *s.*	bäuerliches Festtagsgewand
lodn	laden
Loitl *m.*	nachlässiger Mensch
Lòlliwåtsch *m.*	dummer Junge, auch **Lòlli** Tollpatsch
lòlln	kindisch spielen, *„Poppn lollen"* Puppen spielen
longmanònder	über einen längeren Zeitraum hinweg
loob	lauwarm, zu wenig gesalzen
Loschn *w. Mz.*	Ohren
löscht	letzt
Loschtr *m.*	Lastkraftwagen
lòsn	hören, *auf-l.* zuhören, **los!** hör mal!
Lòter *m.*	Tunichtgut, ungeschlachter Mensch
Lòtsch *m.*	Trottel, Blödian
Lotterbix *w.*	Bettelweib
lòttern	betteln
Lòttl *m.*	Einfaltspinsel
Lùapa *w.*	Essensreste
Luck *s.*	Abstand zwischen den Rebsäulen
Luck *s.*	Deckel
lùcket	löchrig, unvollständig
Lugenbeitl *m.*	lügnerischer Mensch, Lügenbaron auch: **Lugentschippl**
lugg	locker, *l. låssn* nachgeben
Lùitl *m.*	unzuverlässiger, nachlässiger Typ
Lùlatsch *m.*	großwüchsiger Tollpatsch

Lullaflaschl *s.*	Babyflasche
Lùller *m.*	Schnuller
lulln	nuckeln
Lùnapark *m.*	Vergnügungspark
lùpfn	hochheben, *„'s håt ihn glupft"* er ist (geschäftlich) baden gegangen
lùrlen	heulen
Luther *m.*	beim Schnapsbrand der Erste von der Destille, ungenießbar, da mit viel Methylalkohol, Hommage an Martin L., deutscher Reformator
Lutherischer *m.*	Andersgläubiger
Lutl *m.*	Ludwig
Lùtscherle *s.*	Lutschbonbon
Luug *w.*	Lüge

*'s **L** håt leider nix mehr z' låchn,*
*'s **M** muaß jez sèi Såch **m**åchn*

M

ma	*ital.* aber, *„ma, i woaß net"* ich weiß nicht so recht
maarn (sich)	sich bemerkbar machen, sich melden
ma dai!	*ital.* unerhört! Muss das sein?
Madl *s.*	Mädchen
Madòja!, Madòschga!	Anrufung der hl. Maria zu unpassenden Gelegenheiten
Madròal *s.*	Rebenranke
magàri!	*ital.* schön wär's!, eventuell
Magazin *s.*	Warenlager
Magg *w.*	Delle
Maggikraut *s.*	Gewürzkraut, Liebstöckl
Magnago, Silvius	legendärer >*Landeshauptmann,* einbeinig standfest
Mågntratzerle *s.*	Appetithäppchen
mahnen	mähen
Màis *w. Mz.*	Muskeln *Mz.*, Umstände, *M. mochn* Umstände machen
Màisl *s.*	kleines, gebackenes Faschingsgebäck mit >*Sultaninen*
maitern	schimpfen
màjen	mähen im oberen Vintschgau
Makàko *m.*	*ital.* Blödian

makìrn	vortäuschen
Makkiàto *m.*	*ital.* kleiner Brauner
Malle *w.*	**a Paktl M.** Marlboro
Màlta *w.*	*ital.* Mörtel
Màltamaschin *w.*	Betonmischer
màmpfn	ausgiebig speisen ohne Rücksicht auf Etikette oder Tischnachbar
manàtscha!	*ital.* Ausdruck der Verwunderung
Mandarìnen *w. Mz.*	Zitrusfrüchte, weiblicher Gegenpart von **Mander** *m. Mz.* Männer, *„liebe Mànder und Mandarìnen!"*
Mandermensch *s.*	Mann
Mandl, Mandl!	Mann-o-Mann!
Mandln måchn	Widerstand leisten
Manìàda *w.*	*ital. venez.* Völlerei, Fresserei im Unterland
Manìàtscha *m.*	*ital.* Zuhälter, Loddel
Manìpele *s.*	Geschirrtrockentuch
manka	*ital.* zumindest
manko	*ital.* nicht einmal
manschewò?	„sind Sie nicht derselben Meinung?" auf Pusterisch
Màntscha *w.*	*ital.* Trinkgeld
Marènd *w.*	Jause
Maria Weißenstoan	Wallfahrtsort bei Aldein, Südtirols Medjugorje, nur nicht so wirksam
Marie *w.*	Geld
Marìlle *w.*	Aprikose, *„an Schuss in der M."* nicht ganz bei Trost

Marìnggele *s.*	Gottesanbeterin
Marischiàll *m.*	*ital.* örtlicher Karabinierikommandant
Mårk *s.*	Grenzstein, -markierung
markìeren	*ital.* Krankheit vortäuschen
maròd	verkatert, verdorben, baufällig
Marokkìno *m.*	Einwanderer aus Nordafrika >*Wukumprà*
Màrterle *s.*	Bildstock mit oft humorvollen Inschriften, *„hier starb in Gott Mathias Krug, der Kinder, Weib und Orgel schlug“*. Der Mann war Organist
Martìnilan *s. Mz.*	Eisweintrauben, Lese um Martini (11. November)
Martl *m.*	Herzkönig beim >*Watten,* Martin
Màschele *s.*	Schleife
Maschètt *m.*	Vermittler
Màschgra *w.*	*ital.* Maskerade, verkehrte Spielkarte
Maschìn *w.*	Motorrad, gut gebautes Mädel
Maskierte(r) *w./m.*	Ausländer(in) im Tiroler Trachtenlook
Masserùn *s.*	Majoran
Maßl *s.*	*ydd.* Glück. *M. ghåbt* noch einmal davongekommen
Matèrie *w.*	*lad.* Eiter
Matriàlhueschtn *m.*	Erbrechen
matschn	dreinhauen, wild drauflosarbeiten

matt	*ital. matto* verrückt, *bisch m.?*
Matùra *w.*	Abitur
Maturòtt(a) *m./w.*	*ital.* Voll- bis Überreife(r)
Mauf(a) *w.*	Dachboden
Maul *s.*	Mund, *a Maul voll reden* Small Talk
màuln	rügen, aufbegehren
Maulörgele *s.*	Mundharmonika; im gröberen Nordtirol: Fòtzhobl
Maulschlosser *m.*	Zahnarzt
Màultisl *m.*	Maul- und Klauenseuche
Maungòa *s.*	Geschwür beim Vieh
màuschlen	schwindeln, **M.** Kartenspiel
mausn	vögeln oder wie die Vögel sagen, menscheln
Mausl *s.*	Liebchen
maxn	sich abmühen; *a Gmax* eine mühsame Arbeit
meerålt	uralt
Mègger *m.*	Begatter
Mehlspeis *w.*	Süßspeise, Torte
mèhrer	mehr, **mehrer wia** mehr als
mehrigsten, am	am meisten
meinersèal!	ach Gott!
Mekdònl *m.*	McDonald's Boulettenrestaurant
Melanzàni *w.*	*ital.* Aubergine
Menefregìscht *m.*	*ital.* jemand, dem es absolut schnuppe ist, wenn man ihm vorwirft, dass ihm alles schnuppe sei

mengl hobn	vermissen
Mènschin *w.*	ledige, kinderlose Frau
Mènta *w.*	*ital.* Pfefferminze
mèntisch	ungeheuer, sehr
Meraner	Bürger der gleichn. Kurstadt, herzhafte Brühwurst
Mèrda *w.*	*ital.* Scheiße im Allgemeinen, Würfelspiel
mèrglen	ungeschickt, umständlich werken, murksen, **Mergler** Umstandskrämer, Ungeschickter
mèrkn	bemerken, spüren, *sich m.* sich erinnern
Mèrtig *m.*	Dienstag
Mesàtscho *m.*	*ital.* SMS
Messner, Reinhold	Villnösser mit ausgeprägtem Hang zu Höherem, Ergebnis: alle 14 Achttausender, Fersenbeinbruch nach Absturz vom Schlossgemäuer, Buchautor und Yak-Züchter
Messner-Windschnur, Sepp	Klausner Malermeister und originellster Südtiroler Bänkelsänger *„I bin die Waschmaschin von der Frau Luciana"*
mèter sein	fähig, potent sein, *„bisch no mèter?"*
Metr *m.*	Messband, Zollstock
Mettn *w.*	Riesenspaß, *bsoffene M.* idem mit Alkohol

Mèzzet *w.*	Speckseite
mìed	lästig, schwer erträglich, müde
mìeder Seckl *m.*	Störenfried, Vermiesling
Mìgele *s.*, **a M.**	ein klein wenig; …*„a Migele >Plent und a >Goggele"* (Unterlandler Menüvorschlag)
migla	möglich
Mìnele *s.*	kleine Katze
Minz *w.*	Kleingeld
mir	wir, *„mir sein mir"* Sie sind niemand
Mischèla *w.*	halb Wein, halb *>Spuma,* Zweitaktertreibstoff
mìschglen	(Spielkarten) mischen
Mistbratl *s.*	weibliches Pendant zu *>Sàubaitl*
Mistiger *m.*	Mistkerl
Mistkibl *m.*	Abfallbehälter, Mülleimer
Mitterhofer, Peter	Partschinser, er erfand 1854 die Schreibmaschine, ohne Fortüne, wahrscheinlich, weil zu jener Zeit die wenigsten Tiroler des Lesens und schon gar nicht des Schreibens kundig waren
mìtterle (lei)	ungefähr, *„più o meno"*
Mìttig *m.*	Mittwoch
mittlig	in der Mitte
Moal *s.*	Fleck, Mal
mòanen	meinen, jmdn. an der Nase herumführen, *mòansch woll?* glauben Sie im Ernst?

Mòar *m.*	urspr. Gutsverwalter, **Mòarhof** meist der stattlichste Bauer im Dorf, **Mòarin** dem Moar seine Frau
Mock *m.*	Pfropf aus Nasenschleim, ehem. österr. Außenminister *Alois M.*
Mòdl *m.*	Machart, verwandtschaftliche Ähnlichkeit, Form
Mohr *m.*	Schwarzafrikaner
Moidl, Moidele *s.*	Maria
Mòna *m.*	*ital.* Trottel
Montùr *w.*	Uniform
Moos, Mies *s.*	Sumpfwiese, Moor, Geld
Moroder, Giorgio	Grödner Musikgenie. Schlimmes ahnend, verließ er schon früh das Land der volkstümlichen Musik und heimste in Hollywood zwei Oscars ein
Mòschper *w.*	Vogelbeere
Mòssa *w.*	*ital.* Bewegung, **koa Mòssa** keinen Muckser
Motorìno *m.*	Kleinmotorrad, Moped
mòttn	schwelen, glimmen
mòul	verkatert, bei Obst: mürbe
Mousl *w.*	Narbe
mozn, motschn	beleidigt reagieren, **mòtschig** übel gelaunt
Mùaser m.	*wörtl.* Musrührer, langweilig-langsamer Zeitgenosse, „*Ein Volk,*

	ein Reich, ein Führer! - Ein Stock, ein Mus, ein Rührer!" Spruch bis Mai 1945
mùasn	undeutlich sprechen
Mùatlpànzele *s.*	des Bauern sein eigenes Weinfass, auf manchem stand mit Kreide geschrieben: *„Nur für uns!"*
Much	Michael
Mùcknseckl *m.*	*um an M.* um Haaresbreite, **Mùcknsecklspålter** Pedant
mùerig	bekleckert
Muff *w.*	*mir geaht die M.* Schiss haben
mùffelen	nach Verschimmeltem riechen
Mùgele *s.*	kleiner Hügel, Häufchen, Backfischknospe
Mùglen	schwindeln, **Mùgler** *m.* Schwindler
Mùina *w.*	Katze, **Muinele** *s.* Kätzchen, Muschi
Muinzelen *w. Mz.*	Palmkätzchen
mùlchn	Weinberg und Obstwiesen vom Gras befreien
Mùli *m.*	Maultier, störrischer Mensch, Gabelstapler
Mulibindn *w.*	Monatsbinde
Mùliforz *m. Mz.*	Sommersprossen
mùlig	übel gelaunt
Mùliwurst *w.*	Mortadella, >*Bondola*
Mull *m.*	schlecht gelaunter Gesichtsausdruck

Nåssgekampelter

mulln	schmollen
Mùlta *w.*	*ital.* Strafbescheid
Mun *m.*	Mond
Münich *m.*	kastrierter Ziegenbock, von *Mönch* = Zölibatär
Mùnti *m.*	Montag
mur	lästig
Mùrbam *m.*	Maulbeerbaum
Mùrmele *s.*	Murmeltier
Murmentlschmålz *s.*	Murmeltierfett
Murn *w. Mz.*	Brombeeren
Musi *w.*	Musik, Musikkapelle, *ohne Geld koa Musi!*
Mùslen *w. Mz.*	geschlagene Bäume, minderwertiges Bauholz
Mussolini, Benito	faschistischer Diktator *(Duce)* Italiens, nach fehlgeschlagenen Versuchen, >*Südtirol* zu italianisieren, in Dongo erschossen; „*wer Muss soll inni!*" Kryptogramm auf Südtiroler Aborttüren während der Faschistenzeit
mùttelet	kränklich, schwächlich

*'s **M** håt **m**ehr als gnùe getùn,*
*'s **N** heb jez erscht u**n***

N

na, nòa	nein
Näas *w.*	Mädchen, Verlobte
Nåchgschwisterkind	Nachcousin
Nåchred *w.*	Leumund
Nachtpillen *s.*	Abendessen
Nadl *w.*	Großmutter im Überetsch
Nàfta *w.*	*ital.* Schweröl
Nàgele *s.*	Nelke, **ràsses Nàgele** Gewürznelke
Nagglburg *w.*	Bordell
någln	rammeln
nàggln	schütteln, koitieren
nàhnen	nähen, **ìnnahnen** ins Gefängnis sperren
Nàit *m.*	*engl. Nightclub,* Südtirols bekanntester: der Navarro, den alle kennen und keiner nie dort gewesen sein will
Nàja *w.*	*ital.* Militärdienst
Najòne *m.*	*ital.* Präsenzdiener im Heer
nårret	überaus, närrisch
Nåssgekampelter *m.*	Lackaffe, Schönling
Nåtsch, Nåtscher *m.*	Schwein
Naturtepp *m.*	geborener Vollidiot
Nàungerle *s.*	Mittagsschläfchen

Naylonsàckl *s.* — Plastiktüte, *österreichisch: >Tschuschenkoffer*

Naz — Ignaz

Nazi *m.* — *ital.* Billig-Zigarettenmarke *„Nazionali"*, zunehmend heutige Ewiggestrige

neamer — nicht mehr

neamp — niemand

Neaß *w.* — feste Freundin

neger — bargeldlos, pleite

negschte Woch — nie, Handwerkertermin

Neidhammel *m.* — missgünstiger Mensch

neidig — eifersüchtig

Neina *w.* — Oma

Nein — Großvater im Überetsch

Nen *m.* — Großvater

Nèschpele *s.* — *ital. nespola* Mispel

net, nètta — nicht, mitnichten

netamòl — nicht einmal

Netlåssete *w.* — Gegenteil von >Låssete

nettlene — einige, etliche

netmegn! — null Bock drauf!

netòaner — niemand

nex! — Kastelruther Ausruf, *nex!, die Kastelruther Spatzen!*

nèxn — herumpfuschen

nid — niedrig, **hernid** unten

niederhuckn — sich setzen

niederlegn — sich zu Bett begeben

nìederbruckn, òane sagt der Südtiroler Macho, was die Dame sich wohl dabei denkt?

nìe-im-Lebn! gar-nie-nicht!

nìemr nicht mehr

Nigl *m.* Kastanienigel

nìnderscht nirgendwo, **nìnderscht ùmer** nicht auffindbar

Niòkko *m.* *ital.* Nockerl, Einfaltspinsel, **Niokki** *Mz.* Nockerlgericht

nìschgn herumsuchen, stöbern

Nissl *s.* Nuss, Nüsschen

noa nein

Nòal *w.* große Nadel

noamol noch einmal (weil's so schön war)

nòat notwendig, nötig

noatig notgeil

Nòatnohler *m.* Elendsjammerer

Nochimèschterle *s.* Nachzügler

nòchngiehn folgen, kontrollieren

Nockn *w.* Nockerl, Mädel >*fade N.* tugendsames Mädchen

nòelen nach mehr schmecken

Nolggn *m.* plumpe Erscheinung

nor dann, darauf

nosnstirgn nasenbohren

Nòttlsaidener *m.* Schmutzfink, Dreckspatz

nòu noch

Nudl *m.*	Penis, Nudl f. Teigware; *„auf der Nudlsuppn daherschwimmen"* naiv, blauäugig sein
Nudl mit Loch	Makkaroni
Nudlfriedhof *m.*	Nymphomanin
nùdln	kopulieren, hinstürzen; *„den håts gnùdlt!"* es hat ihn aus der Bahn geworfen
Nudltempel *m.*	faschistisches Siegesdenkmal in Bozen
Nudltrieb *m.*	Nudelholz
nui	neu
Nùjer *m.*	neuer Wein, Heuriger
Nujòhr *s.*	Neujahr, bekannt durch Liza Minnellis Hit: *„Nujòhr, Nujòhr."*
nùnet	nahe
Nùsseler *m.*	angesetzter Nussschnaps
Nussn *w.*	Nüsse, *guate Nuss* schneidiges Mädel
nutz	nützlich, **nixnutz** unnütz, untauglich
nùtztnix	bleibt keine andere Wahl, *„nutztnix, we'mer lei giehn miaßn!"*
Nùze *w.*, **Nùzele** *s.*	fesches, frisches Mädel

*'s **N** håts **n**immer **n**årret gfreit,*
*'s **O** kimmp jezer **o**ft und **ö**fter unter Leit*

O

o-,	ab-, gebrochen, *„dr Schi isch ò!"* alles aus!
oa	ein, Südtiroler Doppellaut anstelle des Hochdeutschen *ei. Besonders charmant:* **oa Oa** *für „ein Ei"*
Òa *s.*	Hühnerei, *Òar titschn* Eier >*pecken,* Osterbrauch, **Òatschill** Eierschale
Òach *w.*	Eiche
Òacherle *s.*	Eichkätzehen
Òachkatzlschwoaf *m.*	Eichkätzchenschweif, Zungenbrecher für Nichtsüdtiroler
Òachl *w.*	Eichel
Òanaxer *m.*	Einachs-Traktor
oanbèderer	einer von beiden
oans	eins
Òansberger *m.*	Deutsch-Nonsberger
oar	herunter
òargschnittn	identisch
òarschneidn	abschneiden
Oarwaschl *s.*	Ohr
Òaß *s.*	Abzess, Geschwür
obåchtgebn	aufpassen
òbeitlen	abschütteln

oberer Wind	Nordwind
òbi	städtisch-nobel für >*oi, òin, ochn*
òbiagn	abbiegen, verhindern
òbittn	um Vergebung bitten
Òbrandler *m.*	Brandopfer
òbrockn	abpflücken
Obstler *m.*	Obstschnaps
òbussln	abküssen
òdrahnen	abdrehen, abschalten z.B. Wasser, Licht; *„òan 's Gas òdrahnen"* jmdn. ins Jenseits befördern, geschäftlich ruinieren
Òdruck, ìm leschtn O.	im letzten Augenblick
òerkuglen	herunterfallen, abstürzen
òerradlen	in Scheiben schneiden
òfahln	verfehlen, danebenschießen
òfåhrn	entfernen, wegwerfen
offene Liegenschaft	liebesbereite Dame, zum Unterschied zu >*Hof* geschlossener
offrìern	*ital.* anbieten, spendieren, *„offrierschmer an Tschigg?"*
òfliagn	abhauen, wegrennen; **… flìag-ò!** verpiss dich!
Oflt *m.*	Eiter
Ofnbrugg *w.*	Holzliege auf dem Bauernofen, winterliche Spielwiese in der Bauernstube
Òfnschutta *w.*	im Ofen gebackenes Mus in Kastelruth
Ofntåtschn *m.*	Kartoffelbrot

Òfnzussl *w.*	Reinigungsgerät (Lappen am Stiel) für den Brotofen
Òfohrn	rauswerfen, etwas entfernen
oftamål	manchmal
Ògång *m.*	Furcht, Angst
ògeign	weggehen
ògepetscht	ausgezählt (beim Versteckspiel)
ògìehn	ablassen, aufgeben, fehlen
Ògschwischtr Mz.	Cousins
ògstondn	abgestanden, lauwarm, schal
òhaun	davonlaufen, das Weite suchen
òhelfn	unterbinden, abgewöhnen
ògwixt	durchtrieben, raffiniert
òì, òin	hinunter, hinab
oilossn (oan)	trinken
oinflìegn	hinunterfallen, abstürzen
òinwerzig	abwärts
òiwi, òiwai	immer, *„òiwi luschtig, òiwi ledig!"*
òkehrn	wegleiten, ableiten
òkragln	erwürgen
òkristlen	mit den Skiern abschwingen
òlapplen	abbetteln, abluchsen
òlarn	abladen
Òlbr *m.*	Pappel
oluckn	Deckel entfernen, Bettdecke wegziehen
òmåchn	anrichten (z.B. den Salat)
o-mai!	herrje!
òmaufòm	zuoberst, obenauf

Òmbrell *m.*	Regenschirm
ònderscht	anders
ònegern	billig abluchsen
òni	*meranerisch >umi,* hinüber
Oniwånd w.	Wendestreifen für Ochsengespann oder Traktor an der Grundstücksgrenze
òpassn	auflauern
òpeitlen	einen Stromschlag kriegen, erschaudern, abschütteln
òpelzn	Blumen weiterverpflanzen
òpfitschn	entwischen
òplattlen	wegrennen, abhauen
òposslen	welken
Option *w.*	tragische Entscheidungswahl 1939, mit der die Südtiroler entweder zum Auswandern in Hitlers Reich oder zum Dableiben und Italianisiertwerden gezwungen wurden
Òputzer *m.*	Reinigungsfachmann, Ausnützer
oramài	*ital.* schließlich, schlussendlich
òramen	abräumen, gewinnen
Oràntschn *w.*	Apfelsinen
òredn	abmachen, ausmachen, jmdn. schlechtmachen
òrittig	abfallend (Gelände)
ormai	*ital.* mittlerweile
Òrsch *m.*	Hintern, Blödian, Unsympathling, *O. håbn* Glück haben
Òrschtickerxangl *s.*	schmalzvoller Schlager

Òrschgeign *w.*	Blödmann
Òrschkapplmuster *s.*	Gesicht, das eher in die Hose gehört
òrschlings	rücklings, von hinten
Òrschmarterle *s.*	saures >*Ringlo;* indem es den Mund zusammenzieht, öffnet es den Schließmuskel
Ort, Òrtsail *w.*	Kopfsäule in >*Pergl* u. >*Epflplantasch*
òsagln	amtsentheben, absetzen
òsåmstign	das wöchentliche Bad am Samstag, da wo sich der Fußdreck als Ring um den Hals legt
òschåltn	abschalten, durchdrehen
òschiebn	abhauen, abgehen
òschlågn	abmurksen, schlachten
òschlepfn	ab-, ausrutschen
òschnagglen	abschütteln
Oschpelamùggn!	potzblitz!, auch *ò-la-peppa!*
òschpele	pardauz! **www.oschpele.ritten.org** Dialektwörterbuch im Internet
òschraufn	abschrauben **Licht òschraufn** Licht ausmachen
Òschreatlen *w. Mz.*	Essensreste
òschröckn	kurz abkühlen bzw. leicht anwärmen (bei Getränken)
Òschtia *w.*	*ital. ostia* = Hostie, widerspenstiger Mensch, mit schwerer Sünde geahndetes Fluchwort
òschtig	widerspenstig, störrisch

òschtrafn	abstreifen, **Òstrafer** *m*. Fußmatte
òschwenzn	oberflächlich abspülen
osòaflen	zum Orgasmus kommen
Òschtrega	Verballhornung von >*Oschtia,* daher nur lässliche Sünde
òsoalen	abseilen, **an Neger ò.** defäkieren
Österreich 1919	in Saint-Germain verloren gegangenes Vaterland, *„über >Südtirol lacht die Sonne, über Ö. die ganze Welt!"* Werbespruch aus der Touristikbranche
òtatzlen	abgreifen, grapschen
òtraibn	abtreiben, was im Frühjahr **àugetriebn** wird, das Vieh auf die Alm nämlich
òtschapiern	das Weite suchen, abhauen
Òtscherfler *m*.	Fußabstreifer
òtscho!	*lad*. Achtung!, Augen auf!
Ötzi *m*.	ältester namentlich bekannter Südtiroler (geb. ca. 3.300 v. Chr.), Gletscherfreak
ou!	was soll das!
Òumbrell *m*.	*lad*. Regenschirm
ounschiern, oane	schwängern, eine Zigarette anzünden
ousagln	absägen, jemanden ausschalten
òuteret	aufgedunsen
Òuwes *s*.	Obst
Òwaichn *s*.	Durchfall, Dünnpfiff

òwantlen	abgehen, Meinung ändern, zurückweisen
òwendig måchn	abgeneigt machen
Òwet *m.*	Abend, Vorabend vor einem Festtag
Ox *m.*	Ochs, sturer Mensch
òxlen	wenn die Kuh zum Stier will, *òxlet* sie
Oxnklavier *s.*	Rindertretspuren auf Almwiesen
Oxnschlepp *m.*	gekochter Ochsenschwanz
òzåcklen	abziehen, weggehen
òziechn	ausziehen, entkleiden, **gail o.** strippen

*'s **O** håt die Kàndelen volle voll,*
*'s **P** probiert's jez a amòl*

P (B)

Paarl *s.*	Vintschger Brotspezialität
påcken	etwas mitreißen, **òane p.** eine begatten
Paferle *s.*	Kinderlatz
paff	erstaunt
paffn	rauchen
Paga *w.*	*ital.* Lohn
paganini	*ital.* zahlungsunfähig
pàggln	schimpfen, brummeln
Pàggler *m.*	Brummler
Pahl, Franz	moralinsaurer Junggeselle und Politiker aus Welsberg. Vorbild: hl. Georg mit dem Drachen – Franz mit dem Frosch. Lieblingsspeise: Fastenknödel
Pàita *w.*	Truthenne
pàita	böse (Kind), ungezogen
pàitn	eine Geldschuld stunden
Påk *m.*	Packen, *„a Påk Papier"* ein Dokumentenstoß
Paket *s.*	jahrzehntelang geheimnisvoll und kontrovers ausgehandeltes Autonomiestatut für >*Südtirol*
pàktlen	paktieren, zusammenstecken

Patentfotzen

Paktl *s.* Päckchen

palàfig ungefähr, circa

palàndern verjagen

Palapir *w.* Birne, die nur im Vintschgau gedeiht

Pàlawatsch *m.* *aö.* leeres Gerede, Gewäsch

Palle *w. Mz.*, **che P.** *ital.* Das geht mir auf die Socken, s. auch > *Balle*

Pàlko *m.* *ital.* viel Lärm um nichts, *„måch kòan P.!"* spiel mir nichts vor

pam, pan beim

Pàmper *m.* Schaf, *P.le* Lamm, frommer Mensch *p. sein* wohlauf sein

pam-pòrko! *st/ital.* verflixt und zugenäht!

Panàdlsupp *w.* Brotsuppe mit verquirltem Eigelb

Panino *m.* *ital.* belegtes Brötchen, Stulle

pànklen verdreschen

pàntschn ungesetzliche Versuche, das Wunder von Kanaan zu wiederholen

Pànzele *s.* *ital.* kleines Fass; **Pånzn** *m.* Fass, Bauch *(ital. panza)*

pa-pàa vertraulich zum Abschied

Pàppa *w.* *ital.* Kinderpampe

Påppadeckl *m.* Pappkarton

Pàppele *s.* Keks, Gebäck

Påppl, *w.* Fieberblase

Pappn *w.* Mund, *hålt die P.* Bitte um Ruhe

pàppn essen

Paradeiser *m.* Tomate(n)

paràt bereit
pàri *ital.* gleichauf, unentschieden
Pariser *m.* von denen es mehr in Südtirol gibt als Südtiroler in Paris
Pårn *m.* Futterkrippe
Pàrtezettl *m.* Todesanzeige
pàrzn murksen, schwer etwas herausarbeiten
pàschget zusammengedickt
paschglen basteln, **Paschglerei** *w.* Bastelei, Pfusch
påsslt verwelkt
passn auflauern
Pàsslen *w. Mz.* kleine Rüben
Pàsta *w.* *ital.* Nudelgericht
Patàkka *w.* *ital.* wertlose Fälschung, z.B. goldene Uhren, wie sie von betrügerischen Wanderhändlern **(Patakkari)** feilgeboten werden
Patàun *m.* Pergl, Teil einer Rebanlage
Patèlla w. *ital.* Flasche
Patènt *s.* *ital.* Führerschein, der immer rarer wird
Patèntfotzn *w.* schallende Ohrfeige
Patentìno *s.* *ital.* Zweisprachigkeitsnachweis
pater pleite, *p. sein*
Pàterbuschn *w. Mz.* Mohnblumen
paterlångsam extrem bedächtig
Paterschnålln *w.* einfache hölzerne Türverriegelung

Patònza *w.*	*ital.* große Vagina
Patòtsch *m.*	Durcheinander, Mischmasch, Eintopfgericht
Påtsch *m.*	Filzpantoffel, ungeschickter Mensch, Reifenplatten, Menstruation; **Påtschnkino** Fernseher, **die Påtschn àustelln** das Zeitliche segnen, **påtschet** ungeschickt,
Påtschåchter *m.*	unbeholfener Mensch
Pàtschlen *s. Mz.*	Kinderschuhe
Pattùlia *w.*	*ital.* Polizeistreife
Påtzerpreis *m.*	Trostpreis
Patzl *s.*	ein wenig
påtzn	*jmdn. òane p. x-tes* Synonym für jmdn. ohrfeigen
paudn	pflügen
Pazeìl *w.*	Schöpfgerät für Wein, 1/12 >*Yhr*
pàzzo	*ital.* durchgeknallt
pèassern	verschlechtern (bei Krankheit)
Pèck *m.*	Bäcker
pèckn	Osterbrauch: Zwei Eier werden gegeneinandergeschlagen, wessen Ei eingedrückt wird, verliert es an den Gegner
Pècker *m.*	Beischläfer, der meistens weniger schläft als der Ehemann
pedalìern	*ital.* in die Pedale treten
pègget	kränklich

pèglen	bügeln, *òinpeglen* jmdn. niedermachen
Peigrattele *s.*	kleine Schubkarre
Peitl *m.*	Sack, Hoden, Blödmann
peitlen	schütteln
Pelàti *m. Mz.*	*ital.* Kochtomaten für den >*Sugo*
Pèlln *w. Mz.*	Heuabfall
Pèlzer *m.*	Ableger zum Verpflanzen
Pèlzerlen *s. Mz.*	Brustwarzen
pèmpern	beischlafen
Pèmpsel *m.*	Malerpinsel, Familien-P. Penis
pempsn	drängen
Penn *w.*	großer Wagenkorb aus Weiden
Penòner *m.*	branntweinsteuerfreie >*Treber*-spezialität aus Penon bei Kurtatsch im Unterland
Peperontschìno *m.*	*ital.* scharfer Paprika
Père und Mèngge	altboznerisch für Vat- und Mutter
Perg *m.*	Weinberg
Pergl *w.*	Pergula, Wein-P.
Perlåggen *s.*	Bozner Kartenspiel
Permèsso *m.*	*ital.* Urlaubsschein für Soldaten
pesant	*ital.* schwer erträglich
Pettl *m.*	Teufel, teuflischer, böser Mensch
Petz *s.*	*ital.* Stück vom Ganzen
Pfandl *s.*	kleine Pfanne
Pfånnknecht *m.*	Pfannengestell
pfenfn	nasal tönen
Pfèrscher *m.*	Pfirsich

pfesern	nass sprechen, bei Musikern: spuckereiches Geblase
pfiat-di! (Gott)	lebewohl!, **pfiatn** verabschieden
Pfiff *m.*	kleines Bierseidl
pfigget	winzig klein
Pfinstig *m.*	Donnerstag
pfitschn	aus-, entschlüpfen
pflanzn	necken
Pfnåttr *w.*	vorlaute Dame oder damische Vorlaute
Pflanzl *s.*	Pfannkuchen
pfnètschn, pfnotschn	niesen, platzen, knallen
pfnùttern	prusten, kichern
Pfòad *w.*	Hemd
Pfössn *m.*	Pusterer Pantoffel
Pfott *w.*	Weibsbild
pfòttelet	armselig
pfoùslt	zerfranst, zerzaust
pfundig	hervorragend
Pfùrfele *s.*	etwas Kleines
Pfurfl *m.*	Suppeneinlage aus Eierteig, **P-suppn**
pfùschn	patzen
Pfùtschkini *m.*	Zaunkönig
Pichl *m.*	Hügel
Pick *m.*	Leim, Kleber
Pickl *m.*	Gaul
pickn	kleben *jmdn. oane p.* jmdn. ohrfeigen, speisen

Pickerle *s.* Klebeetikette

Piefke, Piffkinès *m.* >*Preiß,* Deutscher nördlich des Mains, kontrahiert: **Piff;** Steigerung: **Hùarnspiff** Abk. **Hupi**

Piefkei *w.* Deutschland nördlich der Donau (Weißwurstäquator)

Pìetsch *m.* Eber

pìetschn das Totenmahl einnehmen, Stimmung wie bei der Hochzeit, nur in umgekehrter Reihenfolge: zuerst die Tränen, und dann wird's immer lustiger

Pìetschnåht *w.* hintere Doppelnaht am Frauenrock, wo der >*Pìetsch* hinzulangen pflegt

Pìlgoa, Pillgòggele *s.* Nestei, falsches >*Gòggele*

Pimper *m.* *anat.* männliches Glied, Pimperle im Kleinformat

Pinibòl *m.* Maispflanze, **P-stingl** langer, dürrer Mensch im Unterland

Piniolo *m.* *ital.* Genauigkeitsfanatiker, Kleinigkeitskrämer

Pinkl *m.* Beule, Pickel, uneheliches Kind

Pinkljud *m.* Klemmseckel, Stoffwanderhändler

Pinktlscheißer *m.* Pedant

Pinokki-Schnitzler *m.* Grödner Herrgottsschnitzer

Pipèsele *s.* Pfannenreiniger, Schneerute; **pìsn, ìnpìsn** mit der Schneerute einrühren

Pipp *w.* Wasserhahn
Pìppele *s.* Stechmücke
pìppfruns *urspr.* aus der Litanei: *„bitt für uns"; „ålle pìppfruns"* immer wieder, aufdringlich oft
pìpplen trinken
Pippn *w.* Wasser-, Bier-, Weinhahn
Pir *w.* Birne
Pirl *w.* erhöhter Tennenboden zur Getreidetrocknung
Pirschtling *m.* windschlüpfriges Gras, bringt den Mäher zur Verzweiflung
pìschn Harn lassen
pitschn quetschen, zusammenkleben
Pìsele *s.* Küken
pisln schlafen, urinieren
Piser *m.* Schneerute
Pìtscher *m.* gefüllter gebackener Krapfen
Pìtzelen *s. Mz.* Bohnen im Unterland
Pizzaiòlo *m.* *ital.* Pizzabäcker
pizzlen kribbeln, jucken
Plafòn *m.* *fr.* Decke
Plåg *w.* Rocksaum, Mühsal
Plån, Planl *s.* Holzbrett für den >*Polenta*-Sturz
plànen blähen
Plåpper *w.* loses Mundwerk
plärrn weinen
Plärrer *m.* weinerlicher Mensch, Schreier, großer Fleck

Plass *m.*	Dekolleté, Ausschnitt, Blöße; *„de zòagt in Plass her"*
platschèdern	palavern
Plàttele *w.*	junge Henne
plàttelet	flach, eben, flachbrüstig
plattern	den Hintern versohlen
plàttlen	rennen, rasen, blättern
Plent *m.*	*ital.* Polenta, Maiskuchen, von Bewohnern nördlich des Brenners oft mit Hundekuchen verwechselt
Plertsch *w.*	Brandmal, *„Plertsch auf dr Pirn"* Gorbys Erkennungszeichen
Plètschkachele *s.*	Verpetzer, Verräter
Plètschn *w.*	großes Blatt, Fleck
plèschn	rasen, rennen, eine verpassen
plètschn	verpetzen, zerdrücken, zwicken
plìndern	umziehen (Wohnung), **verplìndern** wegräumen, abziehen
Plissen *w. Mz.*	Baumnadeln
Plòache *w.*	Leintuch im Pustertal
Plòch *w.*	Plane
plòdern	angeben, **Plòderer** Angeber
plòrtschet	dick, schwammig
plòschgelet	plump, unförmig
Plòserlen *Mz.*	Trompetenblumen
Plòtzn *m.*	Klotz, Holzstück
pluin	schlagen
Plùiwasch *m.*	stupider Kerl

Plumma *w.* aufgestapelte Baumstämme
Plùtzer *m.* Fehler, Fauxpas
plùtzgert blass
Poanlen *w. Mz.* Kerne vom Steinobst, dienen zur Zählung der verspeisten >*Marillenknödel*
Podestà *m.* *ital.* ehem. faschistischer Bürgermeister
pòfn sabbern
Pofl *m.* kurzes Gras, 3. Heumahd, Plebs
pòggln schimpfen
Pohrn *m.* Futtertrog
Polàck *m.* Landsmann Karol Wojtylas
Polèntaseckl *m.* Landsmann aus der Provinz Trient
polentn herumerzählen
Pollo *m.* *ital.* Einfaltspinsel, leichtgläubiger Mensch, Brathendl
Polster *m.* Kissen
Pòmarantschn *w.* früher für Orangen
Pompìno *m.* *ital.* Fellatio
Pompìnoengele *s.* Bozner Keramikengel mit rundgeöffnetem Mund
Pònte *m.* *ital.* Fenstertag(e) zwischen Feiertagen
Pòppele *s.* Baby
Pòppelewein *m.* Gratiswein bei Kindsgeburten
Pòppenwagele *s.* Kinderwagen
Pòppl *w.* Fieberblase
Pòrgåbl *w.* Heugabel

pòrkn fluchen
Pornàz *m.* Pornofilm
Pòrscht *m.* jahrhundertealte ungemähte Grasstreifen zur Grenzmarkierung der Almwiesen
porùggelt gewellt, gekrümmt
porzellàna! potz Blitz!
Porz *m.* kleiner Hügel, Bühel
Pòsch *m.* Würfelspiel
postalpìn heimischer Architekturstil zwischen postmodern und rustikal, mit entsprechenden Ergebnissen
Pòster *m.* Briefträger
Powidl *s.* *aö.* Pflaumenmus
Pracker *m.* Teppichklopfer, Erziehungsgerät
Prackl *m.* kräftiges Mannsbild
Praissn *m. Mz.* Firstziegel
Prantele *s.* Rotkehlchen
pràntelen *„auf Gries tuet's pràntelen"* ehemals legendärer Faschingsball der Grieser Feuerwehr, heute nur noch in gezähmter Form erhalten
pràntlen kräftig zahlen
Pranzèillale *s.* Schutt-, Müllabladeplatz im Unterland
Pråschgl *w.* Maische
Pratsch *m.* Traubenstängel
Pråtzn *w.* große Hände, **Pratzl** *s.* Pfote
Pråtznwågn *m.* Pritschenwagen

Prax *w.* Handbeil

Preiß *m.* Deutscher jeglicher Konfession, Bayern und Schwaben ausgenommen

Prelòt *m.* Prälat, mancher Bürgermeister hat schon in einer Begrüßungsansprache den hochwürdigen Herrn >*Prolet* willkommen geheißen

prèmig brünstig, beim Schwein

pressànt dringend

Pretùr *w.* *ital.* Bezirksgericht, *Pretore m.* Bezirksrichter

Prezedè *s.* Kaffeegebäck

Prigl *m.* Prügel, rohes Holzstück, *anat.* männl. Glied

prìntschelen verbrannt riechen

Pritschn *w.* Liege, Schlafbank

probìern versuchen, verkosten

Profem *s.* Parfüm

Prolèt *m.* Ungebildeter

prònto *ital.* bereit, *„hallo?“* am Telefon

pròpri *lad./ital.* wahrhaft, echt auf Unterlandlerisch

Pråschgl *w.* Maische

prottln schimpfen

Provinz Bozen *w.* autonomer Furunkel am Zentralstaat Italien

Prozent *s.* erhöhter Promilleanteil

Pruckn *w.* Brücke, **Ofnpruckn** beheizte Liegefläche auf Tiroler Bauernöfen

prùm, prùmen warum

Prùmpett *s.* Brunnentrog, -becken

Prusn *w. Mz.* Brösel

Pschtèar *s.* Geschwür

Puckl *m.* Rücken

Pùdele *s.* 1/16 Liter, im Wirtshaus nur gegen ärztliches Rezept

pùdern koitieren

Pudl *m.* Tresen, Theke; **Pudlfusl** billiger Schankwein, *Pudl hebn* sich länger an der Theke aufhalten

Puff *m.* Unordnung, Chaos, *P. keilen, P. ketschen* Unruhe stiften

pukanàka schultern

Pùlageggn *w.* Löwenzahn, auch **Maulaufrèker**

Pulggn *m.* Brei aus Heidenmehl

Pulla *w.* Henne

Pulver *s.* Moneten

pùmperlgsund kerngesund

pùmpern laut klopfen

punìern *ital.* bestrafen (Soldatenjargon)

pùnzet rundlich

Purzigàgele *s.* Purzelbaum

Purzinìgele *s.* Zwerg

Pùscha *w.* Kuh

Puschtra *m.* Einwohner des Pustertales. **Puschtra Mafia** fünf Einäugige im Blindenheim, bzw. fünf helle Köpfe in der Landesverwaltung

Pustabil *m.* Spottvers
putèga! *ital.* allerhand!
Putrella *w.* *ital.* Stahlschiene, -stütze
Puttàna *w.* *ital.* Nutte
Puttanàta *w.* *ital.* ausgekochter Unsinn
Putz *m.* Stadtpolizist
Putzn *m.* Apfelrest
Pùtzerin *w.* Raumpflegerin
Pùzele *s.* Baby, Kleines
pùzzileicht kinderleicht

*'s **P**, pam-pòrko, isch im Tatl do*
*'s **Q** bring sein **Quåtsch** jez so odr so*

Q

Quadratschedl *m.*	Individuum mit Durchsetzungsvermögen
Quaker *m.*	minderwertiger, nachgärender Wein
Quàrgl *s.*	verzwickte Angelegenheit, Quarkkäse
Quàrtl *s.*	1/4 Liter, Wein natürlich
Quästur *w.*	Polizeidirektion, **Quästor** Polizeipräsident
quènglen	meckern
Querfutt *w.*	Querulantin, Feministin (macho)
Quetschn *w.*	Ziehharmonika, *„to be or not to be, that is the Q."*
Quote *w.*	irrtümlich durch *ital. „quota"*, Kote, Höhenbestimmung über null

*'s **Q** såg außer „**q**" net viel,*
*'s **R** sågt frisch und uhne z'eiern, was es will*

R

rabèllisch wern	aufsässig werden
Ràber *m.*	Wildling
rabòttn	*tschech.* arbeiten ohne Entlohnung
Ràdele *s.*	Rädchen, Scheibe, *„a Ràdele Wurscht"* Wurstscheibe
Radl *s.*	Rad, Veloziped, Fahrrad, **Radler** bayr. Mixgetränk, Radfahrer, **radln** radfahren
Radlpeg *w.*	einrädrige Handkarre
Radschonière *m.*	*ital.* Betriebsbuchhalter
Rafatschòjen *w.*	Lianengewächs, die trockenen R. werden von Kindern geraucht, wenn keine Zigaretten zur Hand
Ràffele *s.*	uriges 3-Saiten-Instrument, (verbotenes) Gerät zum Beerenpflücken
Råffl *w.*	wildes Frauenzimmer
Raffl, Franz	Tirols Judas, verriet 1810 A. >*Hofer* an die Franzosen; Detail: sämtliche Wachen, die Hofer vor den herannahenden Franzosen warnen sollten, lagen zu jener Stunde besoffen in ihren Hütten
råfflen	rumoren
Råffler *m.*	heftiges Geräusch

rafn	raufen
ràggern	schwer arbeiten
ràgglen	räumen, kratzen *aus-r.,* **Haisl r.** Plumpsklo putzen
Raida *w.*	*lad.* Kurve
ràitn	rechnen, *was werschn lang umer-raitn!*
Ràitn *w.*	Getreidesieb; **raitern** sieben
Ràitschn *w.*	Legföhre im Sarntal, >*Latschn*
Rakkomandàta *w.*	*ital.* Einschreibebrief
Rakkomandàto *m.*	*ital.* durch Beziehungen eingestell-te Person
Ràmadam *m.*	*arab.* Ausnüchterungswochen nach dem Remidemi an Fasching
Ramasùri *s.*	Chaos, Unordnung
Ramml *m.*	ungezogener Mensch, *blöder R.* dumm und ungebildet
Ràmpler *m.*	Stoß
Ranftl *s.*	berg- oder talseitiger Ackersaum
rànggIen	raufen, Tiroler Kampfsport in Wirtshäusern
Rànzele *s.*	Abschnitt, Stückchen, *„a Rànzele Wurscht"*
ranzelen	ranzig schmecken
Rånzn, *m.*	Bauch
ràppln	spinnen, überschnappen, toben, **Ràppl** *m.* Tobsuchtsanfall
Rappn *w.*	Ausschlag, Kruste, Schorf

rar	angenehm, **rarer Tuttn, rarer Seckl** angenehmer Mensch
Rasl *s.*	junge Rebe
Råspl *w.*	(grobe Holz-) Feile
rass	scharf
råsslen	schnarchen
Rati *m.*	Rettich
Ratigschweaf *Mz.*	Spottname für die Einwohner Eppans, von den Kalterern spendiert
Ràtsch *w.*	hölzernes Lärminstrument zum Glockenersatz an Karfrei- und Samstag
ràtschn	plaudern
Ràtschkåndl *w.*	Tratschweib
Ràtschkatl *w.*	Plaudertante
Råtz *m.*	Ratte
Ratzinger, Joseph	*vulgo Benedikt XVI.,* oberster Brückenbauer in Rom (Pontifex maximus) mit Südtiroler Wurzeln und bayerischem Geburtsort. Seit seinem Sommerurlaub in Brixen auch in Kugelform erhältlich.
ràunzn	nerven
Rauschkugl *w.*	Trinker
Rèach *s.*	Reh, **Rèachl** *s.* Rehkitz
Rèadl *s.*	Zeitraum der >*Wål*wasserzuteilung, ein Weilchen im Vintschgau, *„wårt a Rèadl"* gedulden Sie sich eine Weilchen

Rèarl *s.*	Backrohr, Strohhalm
Rèarlkraut *s.*	Löwenzahn, >*Zigori*
rèarn	weinen, heulen
Rèas *w.*	Wasserreservoir >*Tschett*
rèasch	scharf, hurtig
Reatling *m.*	Speisepilz
Rèbak *m.*	*ydd.* Gewinn, gutes Geschäft
Rèber *m.*	kleines krummes Messer
rèblen	die Beeren von der Traube trennen
Red *w.*	Gerücht
Reggl *s.*	Tabakpfeife
Regierungskommissär	Statthalter Roms in Südtirol
Region *w.*	Kunstgebilde aus den >*Provinzen* Trient und Bozen
Regionalregierung	Entsorgungseinrichtung für Landespolitiker
Reiberle *s.*	Quickie
Reindl *s.*	Kasserolle
Reis *m.*	*mir geaht der R.* Angst, Angst haben
Reischl *s.*	bescheidener Rausch, ca. 0,5 – 1,0 Promille
reitern	Getreide sieben
Reklàm *w.*	*frz.* Werbung
rekommandiert	*ital.* eingeschrieben (Brief)
rèmlig	brünstig (beim Widder)
Rèngga *w.*	Gürtelschnalle
Reserveradl *s.*	Gretlfrisur
Revision *w.*	*ital.* TÜV, nur milder

Rezipis *m.*	Quittung im Sarntal
rìabig	ohne Hast, ohne Weiteres
Riapl *m.*	Flegel
Riasl *m.*	Rüssel, Nase mit Charakter
Ribisel *w.*	Johannisbeere
Ribl *m.*	Pfannengericht aus Weizen- oder >*Schwarzplentgrieß*
riblen	reiben
richtn, si èppes	anschaffen, erstehen
Ridl *m.*	Bügelfalte, Sperrriegel
Rìdlwantl *s.*	Trennwand aus hölzernem Traggerüst mit Schuttfüllung und Kalkmörtelputz
riëbig	ruhig, gemütlich
Rìel *m.*	Bolzen
Riem *m.*	Gürtel
Rierkibl *m.*	manuell betriebener Butterapparat
rìewig, rìesåm	ruhig, gemächlich; **ùnriesåm** unruhig, zappelig
Riffl *m.*	Kind
Rindl *w.*	Rinne
ring	leicht
Ringele *s.*, **braunes**	Anus
Ringelepater *m.*	wandernder Bettelmönch, der als Dank für die Spende Heiligenbildchen und kleine Schmuckringe an Kinder verschenkte
Ringlò *s.*	*fr.* Reineclaude
Ringlreia *w.*	Ringeltanz, Reigen

Russn

Rìschelen *s. Mz.*	Modegetränk Cola mit „Vekkia" (Weinbrand)
Risnslalom *m.*	nächtlicher Heimgang mit großen Gehschwankungen
Risòtto *m.*	*ital.* Reisgericht
Ritiràta *w.*	*ital. milit.* Zapfenstreich
Ritsch *w.*	Abwasserkanal, Gosse
Ritschevùta *w.*	*ital.* Empfangsbestätigung
ròach	roh, ungekocht
Roaf *m.*	Reifen
Ròan *m.*	Abhang
Roar *s.*	Rohr
Roascht *m.*	Recyclinggericht aus gerösteten Kartoffeln und >*Polenta*
Ròater *m.*	Rotwein, wird ab dem Zwölfuhrläuten getrunken, bis dahin s. >*Weißer,* Kommunist
Rock *m.*	Jacke, Sakko
Ròderer *m.*	Stellmacher, Wagner
Ròfen *m.*	Dachsparren
Rofn *m.*	Dachbalken
ròglen	aufrühren, *„lei net ròglen"* (Magnago über die Option)
ròglet	locker *(z.B. Kuchenteig)*
Rohne *w.*	Rote Beete
ròllig	verdreckt, unsauber
ròmig	schmierig
Rommel *m.*	bundesdeutscher Bergtourist mit Kartentasche, Fernglas, Kompass

	u.a. expeditionsmäßiger Ausrüstung, *nach Erwin R.* deutscher Feldmarschall im II. Weltkrieg
Ròpp *w.*	Krähe
Rosendorfer, Herbert	Richter und Schriftsteller; viele Jahre im Münchner Exil, jetzt heimgekehrter Südtiroler *„Ich geh zu Fuß nach Bozen …“ >Brenner*
ròsslen	schnarchen, geräuschvoll schlafen
Rosngårten *m.*	Südtiroler Sagenberg im Tierser Tal, *>Laurin*
Ross	Pferd, stattliche Frau
Rossknottlen *m.*	Pferdeäpfel
Rotzbremsn *w.*	*>Hitler*-Bärtchen
Rotzbua *m.*, **-pippn**	Lausebengel
Rotzglocken *w.*	abhängender Nasenschleim
Rotzklachl *m.*	Popel
Rotztiachl *s.*	Taschentuch
Ròugnbratl *s.*	freche Göre
Rucksåcktourist *m.*	Billigreisender
Rudl	Rudolf
rudln	rollen
Rùebenkraut *s.*	mit Rüben verschnittenes Sauerkraut
Rùech *m./w.*	rücksichtsloser Mensch
rùechen	rasen
Rùeß *m.*	Ruß, Rausch, **rùeßig** besoffen
Rùeßforzer *m.*	weltlicher Geistlicher

rùfig	rau
Rùhme *w.*	wandbefestigter Teller-Schüssel-rahmen
ruidn	bereuen
rùmplen	holpern, rumoren
Runen *w. Mz.*	Rote Beete
Runggl *w.*	machetenähnliches Werkzeug zur Holzarbeit, **R.-rùab** Schweinerübe
Runzl *w.*	Hautfalte, **rùnzlig** faltig
rùpfen	schamlos ausnehmen
Rupfn *m.*	grob gewebtes Leinen
Rùschpa *w.*	*ital.* Bagger
Rùselen *w. Mz.*	Röteln
Russn *m. Mz.*	Kakerlaken
rùtschelet	lockig, gekräuselt

*'s **R** muaß stantepè jez plindern*
*'s **S** kånn kòa **S**au mehr hindern*

S (Sch)

's	das
sàanen	säen
sàbeln	schneiden
Sackl *s.*	Säckchen, Tüte
Såcktüechl *s.*	Taschentuch
SAD *w.*	früher Postbus, heute außerstädtisches öffentliches Verkehrsmittel mit leichtem Hang zur Verspätung
Såft *m.*	Kraft, Benzin, Sperma, Mumm
saftig	herzhaft
Saftl *s.*	Obstsaft
såg feig!	Aufforderung zum Handeln an Zögernde
sagln	sägen
Sågschneider *m.*	Sägereimeister
Sàkra *m.*	sturer, eigensinniger Mensch
sakra!	verflucht!
sakrisch	sehr, außerordentlich
salch	trüb
Salòtt *m.*	*ital. salotto,* Salon, Aufenthaltsraum in >*Salurn: „kennen S' derweil im Salòtt Plåtz nehmen"*
Salòttmebl	Wohnzimmermobiliar ebenda

Salsawèrde *w.*	*ital.* Kräutersauce (Petersilie, Kapern, Gurken, Sardellen, Zwiebel, alles fein gehackt in Olivenöl) zum Tafelspitz
Såltner *m.*	furchterregender Aufpasser im Weinberg, Almaufseher
Salurner Klause *w.*	Ende der Welt, >*Südtirol*
sålzn	*jmdm. eine s.* ohrfeigen
Sandler *m.*	obdachloser Freiberufler
sapperlott!	das geht entschieden zu weit!
sargglen	schlampen
Sarner *m.*	uriger Bewohner des Sarntales, grob gestrickte, aber wärmende Wolljacke
Sàsa *w.*	Bozner Stadtbus, *Lauben-S.* legendäre Gunstgewerblerin in der Bozner Altstadt; Kommentatorin der *Südtiroler Tageszeitung*
sàtzn	schnell laufen, rennen
Saubeitl *m.*	Saukerl
Saubua *m.*	>*hinterfotziger* Kerl, Sozialist
Sàumågn *m.*	Aschenbecher
Saure Suppn *w.*	Suppe aus Kuttelfleck mit Weinessig abgeschmeckt
Saurèmus *m.*	saurer Wein
Schab *m.*	Rindenstücke, Rebenreisig
schàbign	Laubarbeit im Weinberg
Schädlweah *s.*	Kollateralschaden durch zu viel Bisulfit im Wein

schåffn	anordnen, befehlen
Schåffer *m.*	Gutsverwalter *„im Oberland kälbert a jede Kuah an Schåffer"* Sinnspruch aus dem Unterland
Schaffl *s.*	Bottich
Schåfseckl *m.*	Lammbeutel, Trottel
schàibn	fallen, ausrutschen
Schàibtrug *w.*	Schubkarre
Schaiß *w.*	Diarrhöe, *„dem geat die S."* Mann im Angstzustand, Stuhlgang, *„isch mir jå Schaiß!"* ist mir einerlei
schaìßelen	ein fauliger Wein *schaißelet,* wer ihn trinkt, anschließend ebenso
Schålter *w.*	Querholz der >*Pergl*
Schalù *m.*	Jalousie, Fensterladen
schamen	sich schämen, erröten
Schàngai *s.*	*ital.* Volkswohnviertel aus der Faschistenzeit in Bozen, **Schangaiòlo** *m.* dortiger Einwohner
Schàngger *m.*	Wolljacke
Schårn *w. Mz.*	Angeröstetes am Pfannenboden, Haarschuppen
Schas *m.*	*aö.* Furz, *der S. von Persien*
schattigs Platzl,	heißt nördl. des >*Brenners* ein Platz an der Sonne
Schåtzkåstn *m.*	Liebschatz
Schauer *m.*	Hagel, **schauern** hageln
schaugn	blicken

Schebser *m.*	Gerät zum Entrinden von Baumstämmen
schècket	fleckig, *„schècket und vierècket"* nannte Tirols größter Meistermaler Albin Egger-Lienz (1868-1926) die Bilder seiner Kollegen der Moderne
schaißn, sì nix	sich nicht kümmern
Schaißnoat *w.*	Drang zu Größerem
Schaiterhaufn *m.*	Ofengericht aus Äpfeln, Eiern, Milch, Zucker, >*Sultaninen* und Weißbrot
schelch	schief, **Schelcher** steifer Hals
Schell *w.*	Glocke, Schelle, Kartenspielfarbe
Schèllela *s.*	Sellerie
schèllig	brünstig (beim Pferd)
schèlln	läuten
Schellròdl *w.*	*auf der S. sein* sich herumtreiben
Schèlper *w.*	Splitter
Schèmo *m.*	*ital.* Kretin
schèppern	klappern, rasseln
Schepsernes *s.*	Schaffleisch, Eintopf mit Erdäpfeln
Scher *m.*	Maulwurf
schèrgn	petzen
Scherm *m.*	schattiger, wettergeschützter Ort
Schèrmfell *s.*	Lederschurz
Scherzl *s.*	An-, Abschnitt vom Brotlaib, Strudel usw.
Schiabr *m.*	Schleicher, Casanova ohne Fortüne

schiach	hässlich, garstig
Schiefer *m.*	Holzsplitter in der Haut, Kurtatscher Langzeitbürgermeister mit Vornamen Oswald
Schìel *w.*	Wunde, Abschürfung
schiën	schön, Steigerung: **leischien**
schiër	beinahe, fast
schiern	Holz nachlegen, aufwiegeln, **ùnschiern** Feuer machen, anzünden
schiffn	Wasser abschlagen, in Strömen regnen
schilchn	schielen
Schilehrer *m.*	außer Lesen und Schreiben bringt er seinen Schülern fast alles bei
Schimpl *m.*	Schimmel **s.-ig** schimmelig
Schinackel *s.*	kleines, wackeliges Boot, Gefährt
Schinder *m.*	arbeitswütiger Mensch, Berserker, Workaholic
schkifös	*ital.* ekelhaft
schkùsi	*ital.* Entschuldigung, gemeint ist oft das Gegenteil
schlàchtign	(haus)schlachten, sagt der Bauer zum schielenden Hausschlachter: *„wenn du zèm hinhausch, wo du hinschaugsch, zèm geah i jez!"*
Schlagl *s.*	Herz- oder Gehirninfarkt, kleine Hütte
schlåmpet	unaufgeräumt
schlàngelet	schwach, übel sein

Schlankl *m.*	Schlendrian, Schelm, hängender Nasenschleim
Schlåppn *m. Mz.*	Sandalen, *oan in die S. håbn* zu viel Wein intus haben
Schlåtter *w.*	leinener Obstpflücksack
Schlàtterer *m.*	Nichtsnutz, unzuverlässiger Mensch
Schlàtterle *m.*	Kinderrassel, armseliges klappriges Wesen
schlàttern	wackeln, scheppern
Schlawiner *m.*	Geriebener, Gauner
Schlawòk *m.*	Slawe
Schlaz *m.*	Schluck, Schlag, schleimiges Sekret
Schlègel *m.*	Vorschlaghammer, Holzhammer
Schlèglmilch *w.*	Buttermilch
schleich' di!	hau ab, verschwinde!
Schleimbeitl *m.*	Schmeichler, Heuchler
schleinen, *si*	sich beeilen
schleißig	schäbig, verschlissen
schlènglen	Bauernknecht auf Arbeitsuche, am Löffel zu erkennen, den er sich als Kennzeichen seiner Disponibilität an den Hut steckte
Schlern *m.*	sagenhafter Hausberg Südtirols, Hort der Schlernhexen **Schlernbeiß** *w.* Juckreiz, hervorgerufen durch eine endemische rote Milbe, *Trombicula,* einziges Gegenmittel,

	dafür rezeptfrei: kratzen
schlìefn	Platz haben, schlüpfen, durchkommen, *bin no amol gschloffn*
schlìntn	schlucken, **òinschlintn** verschlingen
schloachn (oane)	(eine) vor den Latz knallen
Schlòaf, Schlòafn *w.*	Langweilerin, zweirädriges Fahr- oder Schleifgestell
schlòpp ohret	abstehende Ohren haben
Schlòtter *w.*	Hosenbein
schlùdern	schlampen
Schluff *m.*	schmaler Durchgang
Schlùggezer *m.*	Schluckauf
schlùggezn	schluchzen
Schluiferer, Sepp	Pseudonym für Karl Techet, der 1909 mit dem Titel „Fern von Europa" eine Charakterstudie über die Tiroler schrieb. Das Büchlein wurde für 60 Jahre ins Giftkastl gesperrt, der Autor beschimpft, bedroht und schließlich außer Landes gejagt
schlùzn	sich schleimig benehmen
Schlùzer *m.*	Pustertaler Teigwarenspezialität mit Spinat- o.a. Füllung und brauner Butter
Schlùzian *m.*	>*Schleimbeitl*
schlùzig	schleimig, rutschig, gemein

schmafù nichtssagend, unbedeutend

Schmäh *m.* *ydd.* launiger Spruch, Wiener Spezialität

schmàln ahnen, erahnen

schmaltìeren vermörteln, verputzen

Schmälz *m.* Schweinefett, Elan, tränendrüsendrückender Kitsch

Schmålzkachele *s.* Hahnenfuß

schmàrgelen tranig riechen

Schmårrn *m.* Pfannengericht, Blödsinn, *Kaiser-S.* mit >*Sultaninen*. Als >*Kaiser Fr. Joseph* erstmals dieses bis dahin noch unbenannte Gericht vorgesetzt bekam, soll er den Ausspruch getan haben: *„so an Schmarrn!"*

Schmatt *m.* *ydd.* Geld, **Schmattiè** reicher Mensch, **schmàttig** wohlhabend *aö.* gschtopft

Schmåtz *m.* knallendes Endstück der Peitsche **of òan S.** augenblicklich

schmèckn riechen

Schmècker *m.* Nase

Schmellm *m.* langhalmiges Gras

schmèttern angeben

Schmieràsch *w.* Schmiererei

schmìrben einfetten, ölen

Schmìrber *m.* Rausch

schmìrbig schmierig, grausig

schmiern (oane) (eine) Ohrfeige verpassen
Schmirglpapier *s.* Schleifpapier
Schmòaz *w.* Schmeißfliege genannt
schmùrgln anschmiegen
Schmusfettn *w.* Lippenstift, Labello
schnabulìeren Topfgucken, kosten
Schnàckele *s.* Schluckauf
Schnackelefirma *w.* kleines, nicht sehr vertrauenswürdiges Unternehmen
schnàcksln kärntnerisch >*pempern*
schnàibm schneien
Schnåll *w.* Prostituierte, Hosenlatz, Klinke, Schwanz
Schnàllele *s.* Ringelschwanz beim Schwein; *„stèats àuwerts, isch's gsund, hångts òwerts, isch's krånk"*
schnålln verstehen, überreißen
schnålzn schmatzen
schnàppig vorlaut, frech
schnàpseln Schnaps trinken
Schnåpskastl *s.* Hausapotheke
Schnåtter, Schnåtterbix *w.* loses Mundwerk
schnàufn atmen; **Schnaufer** *m.* Atemzug, **Schnauferle** *s.* Kleinwagen
Schnàuzer *m.* Schnurrbart, Kommentator der **Dolomiten**
Schnèakåtz *w.* Pistengerät, nicht zu verwechseln mit Skihaserl

Schnegg *m.*	Schnecke, schleimiges Nasensekret, Kosewort
Schnegl *m.*	Schleimpfropfen
Schneid *w.*	Mut, Schärfe schneidig forsch
Schneitztuech *s.*	Taschentuch
Schnèllaraita *w.*	Schaukel im Überetsch
Schnèlle(r) *w./m.*	kommt ohne Umschweife zur Sache, Leichtfuß
Schnerfer *m.*	kleiner Rucksack
Schnierl *s.*	Bändchen
Schnittl *m.*	Schnittlauch
schnoatn	Äste abhacken, Klauen schneiden
Schnòggele *s.*	Liebling
schnölln,	knallen, **Schnöll** *m.* Knall
schnùdern	die Nase aufziehen
Schòadln *w. Mz.*	grüne Bohnen
Schòatn *w.*	Späne, alte Frau
Schoder *m.*	Geld, Kiesel
Schòfkas *m.*	Schafskäse, ausgemachter Blödsinn, *red koan S.!*
Schòlder *m.*	Jacke
Schòlderer *m.*	Kegelaufsteller beim Bauernkegeln
Schòlter *w.*	Holzlatte für den Oberbau der *>Pergl*
schon?	echt wahr?
Schopf *m.*	abgewalmter Dachteil, Schweinenacken
Schöps *m.*	Hammel
schörgn	verraten, verpetzen

Schwammlklauber

Schoub *m.*	Flaschenverschluss
Schparkàntlen *s. Mz.*	leichtsinnige Waghalsigkeiten
Schpeib *w.*	Erbrochenes
schpeibn	kotzen
Schpeibtatl *s.*	Spucknapf, bescheidenes Auto
Schpergamèntl *s.*	Experiment
Schperr *w.*	
die S. håbn	Verstopfung, an Verstopfung leiden
schpìeßecket	schiefwinklig
Schpigòt *m.*	Biskotte, Süßgebäck, Zwieback
schpouget *m.*	Schnur
schpròzn	glotzen
schprùzn	sprühen
schpùckn	spendieren
Schrågen *m.*	Gestell zum Trocknen der Fladenbrote, Dame mit Mängeln
Schrattl *m.*	ungewollt verknotete Schnur, Knoten im Haar
Schraufflieger *m.*	Hubschrauber
Schreat *w.*	Schrot
Schreiber *m.*	Schreibwerkzeug
Schreifele *s.*	Brustwarze, Schräubchen
schrèpfn	bremsen
Schröcklaitn *s.*	Feierabendgeläute
Schròfen *m.*	Felshang
schröpfn	ausnehmen
Schtåmpfer *m.*	dicke Unterschenkel >*Wadl*
Schtandl *s.*	Verkaufskiosk, *Würstl-S., Obst-S.*
schtantepè	*lat.* auf der Stelle, sofort

Schtapfl *s.*	Stufe
Schtattl *s.*	Kleinstadt
Schteel *w.*	Regal
steckvoll	übervoll
Schtempeleien *w. Mz.*	Scherereien, Umstände
Schtessl *m.*	Sperber
schtìen	stehen, *schteat-er-dr?*
schtirggn	bohren, stochern
Schtotz *m.*	Holzeimer, Trachtenzylinder
schtotzet	lästig
schtotzvoll	total betrunken
schtrafen	streifen, nachziehen
Schtrèach *m. Mz.*	Macken
Schtrëibe *w.*	Streu
schtrieln	schnüffeln, stöbern
Schtrimpf *w. Mz.*	Strümpfe
schtrùtzn	schwer tragen, schleppen
schtùpfn	piksen, stechen, sticheln
Schtuss *m.*	Schwachsinn
Schuachfètzn *m.*	Fußbinden aus alter Zeit
Schuachlitz *w.*	Schnürsenkel
schuachn	liiert sein
Schubgrattele *s.*	Schubkarre
Schuchtl *w.*	eingebildete Schlampe
Schùder *m.*	Schotter, Geld
Schùech *m.*	Schuhe, *neben die S. stìan,* völlig daneben sein
Schùechbandl *s.*	Schnürsenkel

Schuèchplattlen *s.* urbayerischer Balz- und Veitstanz mit gegenseitigem rhythmischem Beklatschen der kurzbehosten Ober- und Unterschenkel, in Südtirol Stimmungsmacher an > *Tiroler Abenden*

Schùeldièner *m.* Schulwart

schùeln beanspruchen, zeigen, wo's langgeht

Schueschter *m.* ungalant für Menstruation

Schuesternàgele *s.* blau blühendes Alpenblümchen

Schùfa *w.* *lad.* Grießmus in Welschnofen, **Schùfener** dortiger Einwohner

Schùgl *m.* Milchsuppe, Trudener Nationalgericht

schuich ängstlich, verzagt

Schupf *w.* kleine Scheune

schupfn schieben, stoßen

Schupfnudeln *w. Mz.* Kartoffelnudeln >*Buabnschwanzln*

Schüttelbroat *s.* Roggenfladenbrot mit Kümmel

Schützen *m. Mz.* gute Marschierer, in Südtirol waffenlos

Schützenmenü *s.* 1 Bratwurst mit 5 l Bier od. Äquivalent in Wein

Schwain *s.* gilt für den >*Fock* als Beleidigung, als Titel für unangenehme Zeitgenossen gebräuchlich, *kòa S.* niemand

Schwàmmele *s.* Pilz

Schwàmmlklauber	Sommertouristen aus Italien
Schwartl *s.*	äußerster Abschnitt vom Baumstamm beim Brettersägen
Schwårzper *w. Mz.*	Heidelbeeren
Schwårzplent *m.*	Buchweizen
Schwèfla *s.*	Schwefelzünder (Maurerhölzer) im Pustertal
schwèllia!	*ital. sveglia!* aufwachen!
Schwemm *w.*	Weinlokal für Eingeborene und Kartenspieler
Schwengl *m.*	Klöppel, Prachtpenis
schwènzn	schwemmen, **òschwenzn** nachspülen
Schwetter *m.*	Pullover
Schwimmmoaschter *m.*	Bademeister
Schwitz *m.*	Schweiß
Schwitzlaibele *s.*	Unterhemd
Schwòaf *m.*	Schweif, Schwanz, Penis
Schwòafråspel *w.*	unkomplizierte und talentierte Bettgenossin
Schwòag *w.*	Almhütte, Schwaige
schwòdern	herumplätschern; **Gschwådere** *s.* labbrige Pampe
Schwòrzer *m.*	Espresso
schwòttlen	schwimmen
schwùmmrig	schwindlig, benommen
sèachtn	Wäsche einlaugen; **Sèachtkuchl** Waschküche

Sèalele *s.* — dünner Strick, Trinkerseele: *„Sèalele duck di, jez kimmp wieder a >Schlatzl!“*

Seckl *m.* — Typ, Penis, **kommotter S.** gutmütiger Typ

seechn, segn — sehen

Sega *w.* — *ital.* Mask. Selbstbefriedigung, langweiliger Typ

Segaiòlo *m.* — *ital.* Autoerotiker, Onanist

Sèges *w.* — Sense

Seicher *m.* — Sieb

Seidl *s.* — kleines Bier

Sekkabàlle *m.* — *ital.* unerträglicher Mensch

sekkìern — *ital.* seccare belästigen, piesacken

sèkko — *ital.* echt, *s. guet, s. geil*

Selch, Selchkuchl *w.* — Räucherkammer

sell — dies, das, jenes

sèllawegen — deshalb

sellwoll! — selbstverständlich! Repetierlaut von **Gruber,** Alfred, Südtiroler Literaturpapst

selm — damals

sem — dort, damals, auch *zem*

Sender Bozen *m.* — öffentlich-rechtlicher Südtiroler Rundfunksender, macht auch Muntere müde, originelle Wetterberichte: „Winde aus verschiedenen Richtungen“

Senf *m.* — Unsinn

Sènnwitte *w.*	Wasserwurm *gordius aquaticus*
Sèntas	von *ital. „senta“* für „hören Sie“, romanischer Volksstamm, der zur Sommerszeit massiv in Südtirol einbricht >*Waskostdas,* >*Schwammlklauber*
Sepp, Seppl	Joseph
sequestrìern	*ital.* beschlagnahmen
Serdschènte *m.*	*ital.* Feldwebel, **S. Madschòre** Oberfeldwebel
serflen	sumsen
Servelàde *w.*	saurer Wurstsalat mit Zwiebeln
sèrvus!	tschüss!
Sessel *m.*	Stuhl
sèttener, sèttiger	solcher
Settequarànta *s.*	*ital.* Steuererklärung
Sfiga *w.*	*ital.* Pech, Unglück, **sfigiert** vom Pech verfolgt
Sfràtto *m.*	*ital.* Zwangsräumung, Delogierung
Sgòmbri *m.*	*ital.* Makrelen
Sibnstitz *m.*	Spinnentier, Weberknecht
Siebenhüttntour *w.*	Sauftour mit mindestens sieben Tankstellen
sièch	krank
sìedn	kochen
sìedig	hitzig, zornig, feurig
sierig	übel gelaunt
Sifòn *s.*	Selters, **Sifònflåschn** Sodaflasche

Sigmundskron	Schloss an der Etsch bei Bozen, hier war 1957 mächtig was los: >*Magnago, S.* forderte das „Los von Trient!“
Signàl *s.*	Verkehrsschild
Simpl *m.*	Mensch einfachen Gemüts
sischt	sonst, ansonsten
sìttig	launenhaft
Skàtti *m. Mz.*	*ital.* Telefoneinheiten
Skedìna *w.*	*ital.* Lotto-Schein
Skìfo *m.*	*ital.* Ekel, *S. måchn* scheitern, blöd dastehen, *si skifieren* sich ekeln, grausen
Skòatla *w.*	*lad. scàtula,* Behältnis, Tupperware
skontiern	Preis nachlassen
Skontrìno *m.*	Kassenbeleg
Skorètsch *w.*	*ital. scoreggia* Furz, wenn er in Neumarkt entweicht
Sòach *w.*	Urin, lauwarmes Getränk
Sòacher *m.*	Penis, Eichel, 7er beim >*Watten*
Soaf *w.*	Seife
Soal *w.*	Seil
sòandlen	trödeln
Sock *m.,* **fauler S.**	Faulpelz
sòdele	das wär's
sòla, sofla	derart, so viel
Solder *m.*	Balkon
Solderer, Gottfried	Journalist, Mitbegründer und zehn Jahre lang Chefredakteur der >*FF,*

Verleger (Edition Raetia) u.a. auch dieses Büchleins

Solet *m.* Salat

Sòlfle s. Salbei

Solln *w. Mz.* Palmkätzchen

Sorggl *w.* Harke

Sòtscho *m.* *ital.* Kompagnon, Teilhaber

söttiger solch einer

sòufl so sehr, „*I hån di sòufl gearn!*" ich liebe dich sehr!

spåchtln beim Essen kräftig zulangen

Spagåt *m.* Hanfschnur

Spaghèttihengst *m.* Papagallo aus dem Süden

Spàngler *m.* Klempner

Spårgeltarzan *m.* klapperdürrer Mensch

Spassèttlen *w. Mz.* Unfug, Eseleien

spaßig sonderbar

spèar herb

spèchtlen heimlich hinsehen, **Spèchtler** *m.* Voyeur

Speck, Südtiroler holländische >*Fockn,* denen im Schnellverfahren das >*Jodeln* beigebracht wird

Spèckerle *s.* Murmel

speckig fettig, abgegriffen

Speis *w.* Vorratskammer

Speisgatter *s.* präkonziliäre Kommunionsbank

Spektìfl *s.* einrohriges Fernrohr

Spell *s.* — gesamtladinische Kunstsprache, Kauderwelsch statt >*Krautwalsch*

Speltenzaun *m.* — Zaun aus zugespitzten >*Schwartlen*

Spezi *m.* — Freund, Mischgetränk Cola-Limo

spigln — erlaubtes Pflücken von hängen gebliebenem Obst nach Martini (11. November)

Spinàtwåchtl *w.* — Schwätzerin

Spinèll *m.* — Holzpfropfen zum Verschließen des Weinfasses, Joint

Spinnawett *w.* — Spinne

spìnnet — verrückt, *spìnneter Hund* verrückter Kerl

Spinòggl *s.* — Fernglas in Tramin

Spoachl *m.* — Speichel

spottn — nachäffen, imitieren; *weidm.* durch Nachahmen locken: *„in Spielhuhn spotten"*

sprèckelet — gesprenkelt

Spremùta *w.* — *ital.* frisch gepresster Natursaft

Springìnkele *s.* — lebhaftes, unruhiges Wesen

Sprissl *s.* — Sprosse

Spritzer *m.* — geschlechtsreifer Jüngling

Sproutzer *m.* — Starrblick *(in Spz. hobn)* starr schauen

spùdern — nasse Aussprache, sprühregnen

Spùma *w.* — alkoholfreies Limonadengetränk aus Kräuterextrakt und Karamell

Spund *m.*	*S.-Loch* Füllöffnung im Weinfass, *junger S.* unerfahrener Jüngling
Spùndus håbn	Angst haben
sputanìeren	*ital.* lächerlich machen
Squìllo *m.*	Handyjargon: wer mehr Geld hat, soll zurückrufen
stackln	stolzieren
stacksn	stehlen
stad	ruhig, still
Stådel *m.*	Scheune
Stådtfåck *m.*	Stadtschwein, so nennt der Landmann den verweichlichten Städter
Stadtler *m.*	Stadtbewohner, Bozner, >*Stådtfock*
Stållmearscher *w.*	Stallmagd, Melkerin
Stamperle *s.*	Schnapsglas
Ständer *m.*	Penis erectus, Seilbahn- oder Hochspannungsmast
Stånder *m.*	stehendes Weinfass
Stàngele *s.*	*vom S. fålln* vor Müdigkeit umfallen
stangln	hinauswerfen
Stanìtzel *s.*	Papiertüte
stanzn	*jmdn. st.* hinauswerfen, kündigen, verjagen
stauchn	stehlen
stàuchet	gestreift, **stàucheter Pater** Zisterzienser
Staudn *w. Mz.*	Busch, *flotte S.* lebenslustige Alte
staudnårret	total plemplem

Staudnvintschger Bewohner des oberen Vintschgaues
Stazion måchn Rast einlegen
Stear *w.* Wanderhandwerker, *Schuester auf der S.*
Stèckele *s.* Stäbchen
Stèckn *m.* Stock
stèckn vertraulich mitteilen, stürzen, *„den håts g'steckt"*
Stègener Markt größter Markt in Bruneck, zugleich Volksfest und Trinkfestival
Steign *w.* Obstkiste, *a S. voll Åffn* Tollhaus
Stelàsch *w.* Regal, Etagère
stell dì! geh beiseite!
Sterndl *s.* Stern, Gestirn
stèssn stoßen, drängeln, koitieren
Stiag *w.* Stiege
Stich *m.* steile Stelle, Abgrund
stìebn Staub aufwirbeln
Stìeber *m.* Vollrausch
stiebitzn stehlen
Stìegnglander *s.* Treppenhandlauf, **Stìegn** *w.* Treppe
stiern sich sorgen
Stifl *m.* Zaunüberstieg, Gerüst zum Heutrocknen
stìflen stützen, Halt geben z.B. der Bohne
Stìflraiser *m.* kräftige, gerade Weideäste
Stìft *m.* Frist, Aufschub, **Stift geben** Aufschub gewähren
stingln umwerfen

Stingl *m.*	Stengel, Halm
Stìnketer *m.*	riecht stark nach Oh-de-Toilette, Snob
stirkn	stochern
Stìtz *m.*	Bein, Fuß
stìtzig	widerspenstig, **Stitzkopf** Widerborst
Stòan *m.*	Stein, **a S.** Einstein
Stòanesel *m.*	besonders störrischer Zeitgenosse
Stòangigger *m.*	ewiger Besserwisser
Stòanmandl *s.*	Steinpyramide zur Wegmarkierung im Hochgebirge
Stòannagele *s.*	Steinnelke, auch Schlernnagele
Stock *m.*	Etage, Gebäudegeschoss
Stòckerle *s.*	Schemel
Stòplìecht *s.*	Bremslicht, Schlussleuchte
stoppn	per Anhalter fahren
stopselen	Wein, der nach Korken riecht
Stopsl *m.*	Korken, Knirps
Stopslgeld *s.*	wird in Wirtshäusern bei Verzehr von Mitgebrachtem kassiert
Stopslziacher *m.*	Korkenzieher
stötig	störrisch, widerspenstig
stòtl	festlich, stattlich (Kleid)
strafn	streifen, berühren
stråfpudern	übersollmäßig ehelichen Pflichten nachkommen; *„>fa Zorn mit d'r Åltn schlåfn"*
strakko	*ital.* müde

Strauben *w. Mz.*	Eisacktaler Süßspeise
strawànzn	herumstreunen, nichts tun
Streb *w.*	Streu
Streithansl *m.*	streitsüchtiger Mensch
streng	anstrengend, mühevoll, knapp
Striegl *m.*	Fellbürste, *òan strieglen* jmdm. arg zusetzen
strìeln	durchsuchen
Striezi *m.*	Schlaumeier
Striezl *s.*	kleiner Brotlaib
Stroa *w.*	Stroh
stròachet	eigenartig, spinnert, kapriziös
Strùtzer *m.*	Fleischhauer, Metzger
strùzen	herumzerren, ziehen
Strùzen *m.*	Weißbrotlaib
Stub *w.*	holzgetäfelter, bäuerlicher Wohnraum
Stubnmusi *w.*	Zusammenmusizieren von >*Hackbrett*, >*Klampf*, Harfe, >*Ziechorgel*, Zither und Flöte
stuckn	studieren, **ùnstucken** anstücken, verlängern
stùckweis	teilweise
Studierter *m.*	Akademiker
Stüehlele *s.*	kleiner Stuhl, *aufm S. hocken* bereit sein
stuff	müde, verdrossen
stuffiern	anöden, langweilen
stùrnig	störrisch, schwerhörig, taub
Stutzn *m.*	Kniestrümpfe, Becher, Vorderlader

der Tiroler >*Schützen*

Suandler *m.* Straßenarbeiter aus dem Süden

sùdln langsam arbeiten, trödeln

Südtirol *s.* Zentrum der Welt, zwischen >*Brenner* und >*Salurner Klause*

Sùgo *m.* *ital.* Tomaten- od. Fleischsoße für Nudelgerichte

sùi sie im Vintschgau

Sùier *w.* feuchtnasse Mulde, Hautausschlag, Ekzem

Sultanìne *w.* Rosine, Korinthe, Zibebe

Summerfrisch *w.* Sommerurlaub des Städters in der Berge Kühle

sùmpern nörgeln, nerven, jammern

sùmpfn saufen

Sums *w.* Quenglerin

Sunn *w.* Sonne

Sùppnhenn *w.* Dame reiferen Jahrgangs

Sur *w.* Gülle

sùrblen schwirren, herumsaufen

sùrn unmäßig trinken, saufen, pökeln

Sùrfleisch *s.* gepökeltes Schweinefleisch

sùscht ansonsten

Sùser *m.* süßer neuer Wein

SVP *w.* Südtiroler >*Volkspartei,* **SVP-Jugend** Altherrenriege der Partei

Sweltìna *w.* *ital.* Spontanfick

*'s **S** mit **c** und **h** tùet **sch**màrgelen*
*'s **T** dafier **tùet** **t**àiflisch **t**örggelen*

T (D)

tab, tàbet still, gedrückt
tachiniern nichts tun, Zeit schinden, **Tachinìerer** Faulpelz
tåchteln, jmdm. oane jmdm. eine herunterhauen
Tåchtl *w.* leichte >*Watschn*
tàifln schimpfen, rügen
Tàigl *m.* Teufel, listiger Mensch
takt korrekt, aufrecht, **takter Hegl** angenehmer Mensch
tålget ungelenk
Taliàndo *m.* *ital.* Abschnitt, Abrisszettel, Coupon
Taliato *m.* *ital.* schlau, raffiniert
tàmisch stur, benommen
Tamùtschn *w.* zweiseitwendige >*Pergl*
tàmisch benommen, verrückt, stur, **tamischer Kirbis** sturer Mensch
Tàmmer *w.* Anbau an Almhütten
Tàmperle *s.* Blechtrommel, **tàmpern** trommeln, **Tàmperer** Trommler
Tàndier *m.* Krämer
Tandschènti *w. Mz.* *ital.* Schmiergelder
Tango *m.* Wirbel, Aufregung, Rausch
tàntlen tändeln, **umertàntlen** herumtrödeln

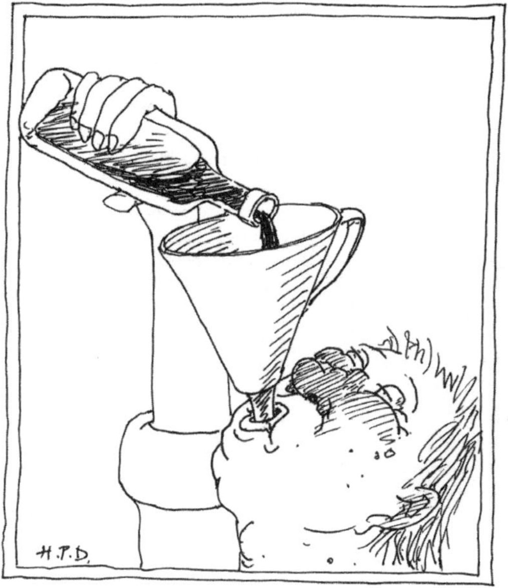

Tiafkoar

Tanz *Mz.*	Umstände *T. mochn, moch koane T.!*
Tànzlmusi *w.*	*aö.* kleines Tanzmusikensemble
Tåpper *m.*	>*Sarner* Filzpantoffel
tåppern	tappen
Tàppo *m.*	*ital.* Winzling, zwergwüchsiger Mensch, Korken
Tàrga *w.*	*ital.* Kfz-Kennzeichen
tårtschen	sudeln
Tåscher *m.*	debiler Alter, Traumichnicht
Tasn *w. Mz.*	Fichten-, Tannenzweige
tàsig	benommen, benebelt
Tàta *m.*	Vater, *Òtata* Großvater
Tatl *s.*	Schublade, *im T. sein* danebenstehen, kaputt sein
tåtsåch-wåhr	wirklich wahr, real
Tåtsch *m.*	Klaps, Ohrfeige (bei Kindern)
tåtschet	ungeschickt, unbeholfen
Tåttermandl *s.*	Feuersalamander, Pantoffelheld
tattern	stottern
Tåttn *m.*	Batzen, Knollen
tåttrig	zittrig, **Tåttergreis** sehr alter Mann
tàtzln	abgreifen, grapschen
Tàtzlwurm *m.*	sagenhafter Drachenwurm aus Südtirols Sagenwelt
Tåtzn *w. Mz.*	Finger, Hände, Fingerabdrücke
Tàxler *m.*	Taxifahrer
Tèaner, Tìaner *m.*	TV-Fernbedienung
tèbelen	muffig riechen

Tèffer *m.*	Moped, Jul B. Laners Lieblingsfahrzeug
Tèga *w.*	*ital.* Schlag, Delle, Beule
Teggn *m.*	Dachschaden, Macke
Tegl *m.*	Gefäß, Trinkglas, **tègln** trinken
teigl?	zweifelnd: kann das schon stimmen?
Teit *m.,* **Tòta** *w.*	Pate, Patin
Telefonàt *s.*	*ital.* Anruf
Telefonino *s.*	*ital.* Handy, auch **Tschellulàre**
tèmmelen	feucht und übel riechen
Tèmplhupfn *s.*	kindl. Springspiel, *„von mir aus kånn-er t."* interessiert mich nicht, was er treibt
Tenènte *m.*	*ital.* Leutnant
tèngg, tèngget	links
Tènggawatsch *m.*	Linkshänder
tènglen	Sensen schärfen und -scharten aushämmern, vögeln
Tepp *m.*	Trottel, **koa Tepp** intelligenter Mensch, **tèppet** idiotisch
terchn	herumstreunen
Terl *s.*	Fensterladen
Termofrater *m.*	Schwuler
terp	nicht zähmbar, unbezwingbar
Terròn *m.*	*ital.* Süditaliener
Teschtn *w.*	Kasserolle >*Reindl,* **Teschtl** *s.* Pfännchen
Tèschtus *m.*	Dickschädel, auch **Tetsch** *m.*
tèsern	nieseln

Tèssera *w.*	*ital.* Mitgliedsausweis, >*Volksmeinung*
Tèts *m.*	Kopf
Tètschn *w.*	Ohrfeige, **tetschn** zerdrücken
Thöni, Gustav	wortkarge Skilegende, bescheidener Gourmet *(Lieblingsgericht: Reisch mit Schosch)*
Tiachl *s.*	Kopf- oder Halstuch
Tìafkoar *m.*	trichterähnliches Gefäß zum Fassfüllen, Säufer
tìan, tìen	tun, machen, *èppes tìan giehn* etwas angehen, verrichten
Tìanate *w.*	Liebestolle
tìat-là	*pusterisch für* na los!, lasst es losgehen!, ihr habt meine Zustimmung!
tibet amòl	ab und zu
tickn	Schaden zufügen
tien	tun
Tifo *m.*	*ital.* Fan-Unterstützung, *T. machen* unterstützen, umjubeln, **Tifoso** Fan
tiftlen	ausklügeln
tilt, in t. gehen	kaputt werden, ausrasten, verrückt spielen
Tintiger *m.*	der Schuldige
Tipftlraiter *m.*	Pedant, Korinthenkacker
Tìpo *m.*	*ital.* Typ, Original
Tippl *m.,* **koan T.**	kein Geld

Tìr *m.*	Fernlaster *(aus fr. T.I.R. Transportes Internationales Routières)*
Tirbl *m.*	Dickkopf, Sturschädel
Tirggl *m.*	Blödmann
Tirk *m.*	Mais, Maismehl, Geizkragen
Tirktschurtsch *w.*	Maiskolben
Tiroler *m.*	Bergvolk, laut H. Heine: *„ein gesundes Volk, zu dumm, um krank zu werden“,* Kinderlied und Fremdenverkehrskonzept: *„die Tiroler sind lustig, die Tiroler sind froh, sie verkaufen ihre Betten und schlafen auf Stroh“*
Tiroler Abend *m.*	peinliche Maskerade Einheimischer mit allerhand Volksdümmlichem vornehmlich für >*Piefke,* Peepshow in Lederhosen und Dirndl
Tirschnåll *w.*	Türklinke
Tìrtlan *s. Mz.*	Pustertaler Spezialität, missratene T. sind ein Scheidungsgrund
Tisl *m.*	Erkältung, Schnupfen
titschelen	schlafen
Tòagåff *m.*	Dummer, *wörtl.* Teigaffe
tòaret	taub, schwerhörig
Toaschtn *m.*	ungelenker Dummkopf, Kuhfladen
tògget	betagt, halb tot
toh!	da sieh mal einer an, nimm!

Töldra *Mz.* — Ureinwohner des Ahrntales
Tòlm *m.* — Volltrottel
Tolomei, Ettore — Übersetzer, ihm gelang es in den 20er-Jahren innerhalb von wenigen Wochen 10.000 Südtiroler Stadt-, Dorf- und Flurnamen ins >*Walsche* zu verballhornen, aus Dankbarkeit sprengten die Südtiroler seine Knochen dreimal aus seiner Gruft in Montan/Montagna >*Tolm,* >*Toponomastik*
Toni *m.* — Drillich, Arbeitsanzug
Topfn *m.* — Quark, Unsinn, *red koan T.*
Toponomàstik *w.* — Dauerstreit um die vom Faschismus aufoktroyierte italienische Ortsnamengebung in Südtirol, entschärft durch witzige Neuschöpfungen wie: *Tièntelo* für Kaltern, *Mettètelo-a-casa* für Dietenheim, *Costa Caldarica, Cornaiano Sabbiadoro, Palma di Settequerce usw.* >*Tolomei*
Tòppar *Mz.* — Sarner Hausschuhe aus Stoff oder Filz
Törcher *m.* — Herumtreiber
Törggelen *s.* — gesellige Südtiroler Weinverkostung auf Bauernhöfen im Herbst
Torggl *w.* — Weinpresse
Tota *w.* — Patin
Töt *m.* — Pate

Tòtl *m.*	*lad.* Idiot, gutmütiger Mensch
Totokàltscho *m.*	Fußballtoto
Totsch *m.*	trotteliger, ungeschickter Mensch, auch **Toscher**
Touristenmenü *s.*	Poms Fritz mit Beilagen
Trafik *w.*	Zigarettenladen
trågn	Ertrag bringen, rentieren
tråget	trächtig
Traam *m.*	Holzbalken
Traminer *m.*	würziger Weißwein aus kleinem Ort mit Weltruf, Steigerung: *Gewürz-Traminer*
Tråmpel *w.*	kein Kompliment für eine Dame
trankwìllo	*ital.* ruhig, immer mit der Ruhe!
Tràppele *s.*	klappriges Kleinfahrzeug oder Maschinchen
Tråppl *w.*	*ital.* Falle, *Maus-, Fuchs-T.*
Tràschgele *s.*	Traube
Tràta *w.*	Brache, unbebaute Ackerfläche
tràtzn	necken, ärgern
Traudl	Edel-, Waltraud
Trèber *m.*	Weintrester, -schnaps
Trendl *w.*	Kreisel
Trenker, Luis	Grödner Architekt, Bergfex, Filmemacher und Werbeträger in umgekehrter Reihenfolge. Als er fast 100-jährig starb, überlebten es die >*Dolomiten*

Trentiner *m.*	Bewohner der südlichen Nachbarprovinz; über sie weiß man, dass sie fromm und bibelfest sind, ansonsten nicht viel
Tres, Tresl	Theresia, Butterschmalzrückstand beim Backen
Treschèttn *s.*	Kartenspiel aus dem Trentino
tretn	nerven, **Trèter** *m.* penetrante Nervensäge
trìab	trüb
tribulìeren	*ital.* sich schwertun, schwermachen
Tribunàl *s.*	Bezirksgericht
trìchtlen	ersinnen, herumprobieren, tüfteln
trìcknen, trùcknen	trocknen, **òtricknen** abtrocknen
Triebl *m.*	Nudelholz, **Kråpfntriebl** Nudelwalger
truckn	trocken
Trìele *w.*	Lippe
Triòl *m.*	Wegkurve in Pfitsch
Trischt *w.*	Haufen, Aufgeschichtetes
trìttnoatig	gehfaul
Trog *m.*	Brunnen
Tròttlbox *w.*	einfach zu bedienender Fotoapparat
Tròttlen *w. Mz.*	Forellen im unteren Unterland von *ital. „trote"*
Trug *w.*	Truhe, Sarg
Trum *s.*	Stück, Brocken
Trunksucht *w.*	Volkskrankheit

Tschabàtta *w.*	*ital.* eigentl. Hausschuh, toskanische Brotspezialität, in Südtirol in ihrer verkleinerten Form als **Tschabattìna** *w.* populär geworden
Tschåch *m.*	Ungemach, Umstände
tschàckelet	wackelig
Tschafèga *w.*	leichtlebiges Mädchen in Überetsch
Tschàggele *s.*	leichte Trunkenheit
Tschåggl *s.*	Leinensack zum Äpfel >*klauben*
Tschàko *m.*	Hut, Dienstkappe
tschàllen	weitererzählen, petzen
Tschàllhafele *s.*	Tratschbase
tschàndern	mit allem Möglichen handeln, **Tschànderer** Altwarenhändler
Tschàngger *m.*	engmaschig gestrickte Wolljacke aus dem Sarntal >*Sarner*
tschàngn	kauen
tschàppelo!	*ital.* fang ihn!, krieg ihn!
tschåppet	ungeschickt, linkisch
Tschappèttn *m. Mz.*	*lad.* Socken
Tschappòt *m.*	*nannte der Filialleiter einer großen Buchhandlung dieses Lexikon, lad.* Kehricht
tschàri	bankrott
tschàttern	plätschern
tschau!	*ital. ciao* servus! von venezianisch *„s'ciavo"* Diener
Tschawàda *w.*	*ital. chiavata* Betrügerei, Reinfall

Tschèaba *w.* Ziege

tschèaget schräg

Tschèapele *s.* Jäckchen, **Tschòap** *w.* Jacke

Tschèapl *s.* Frauen-Oberkleid

tschèchern sich schwertun, **Tschecherer, Tschecherànt** mühseliger Mensch

Tscheckl *m.* Bauerntölpel

tschèderweit offn sperrangelweit geöffnet

tschèkkn *engl. to check,* prüfen, durchblicken, überreißen

Tschellulare *s.* *ital.* Handy

Tschent *m.* *ital. centesimo,* **kòan T. im Såck** pleite

tschènto *ital. cento,* hundert *„der isch net gånz tschento!"* der Herr ist nicht ganz dicht

tschentrìern *ital.* mit etwas zu tun haben (Jugendjargon), *„tschentriert an >Kàwolo"* hat damit überhaupt nichts zu tun

tschèppern laut krachen, klappern

tschèrflen fußstreifend gehen

tscherggn hinken

Tscherìno *m.* *ital.* Wachszündhölzchen, werden von den >*Marocchini* durch die Feuerzeuge abgelöst

tschèrket windschief

tscherlewènket schräg, ungeordnet

Tschèsapula-

hinterschi *m.*	Ameisenlöwe
Tschess *m.*	Schulnote Ungenügend, Jazz
Tschèsso *m.*	*ital.* WC, unansehnliche Person
Tschetòn *m.*	*ital. gettone* Telefonmünze
Tschett(n) *w.*	Tümpel
Tschètterer	Nachtwächter
Tschigg *m.*	Zigarette, Zigarettenkippe, Kautabak, *t.-en* rauchen
Tschilàtti *s.*	ital. gelato Speiseeis
Tschìllen *w.*	Getreide-, Obstschalen, Hülsen
tschiln	schälen
tschìndern	hallen, lärmschlagen
Tschinèlln *w.*	Messingschlagbecken, Ohrfeige *„mågsch a T.?"*
Tschìngala *w.*	*ital. cinghia* kurzer Strick
tschinggelen	nach Angebranntem riechen
Tschinggl *m.*	Italiener
Tschinquino *m.*	*ital.* Fiat 500er
Tschippl *m.*	Büschel
Tschìttscho *m.*	*ital.* Fettsack, Dickleibiger
Tschòala *w.*	gutmütig wie eine >*Tschurtsch,* jedoch leicht >*låppeter*
Tschòam *m.*	Schaum
Tschòamala *m./w.*	Dumme(r) in Überetsch
Tschoap *w.*	Jacke
Tschockl *m.*	Quaste
Tschòdo, tutto	*ital.* volle Pulle
tschòggn	verschütten, joggen

Tschopp *m.*	**Tschòppele** *s.* trotteliger, einfältiger Mensch
Tschòsch *m.*	Money, Geld
Tschott *m.*	Quark
tschottig	vermurkst, verdorben, verkorkst
tschuhuj!	juchhe!
Tschuhùjer *m.*	leichtlebiger Bursche
Tschuk *m.*	*lad.* Baumstumpf, Baumschopf, **Firsttschuk** Firstbäumchen
Tschuklàd *w.*	Schokolade
tschùko	*ital.* betrunken
Tschùmpus *m.*	Gefängnis
Tschùnga *w.*	*engl. chewing-Gum,* Kaugummi
tschùnget	schlampig, nachlässig (gekleidet)
Tschupp *m.*	Bäumchen, Fichten-, Tannenzweig
tschurelet	kraushaarig
Tschurtsch *w.*	Tannenzapfen, Mädel aus den Bergen
Tschusch *m.*	Jugoslawe
Tschutsch *m.*	Unterlandler Ofengericht mit Rüben
Tschùtscherle *s.*	Schnuller
Tschùtter *w.*	sagt man nie zu einer Dame
tuats?	ist alles in Ordnung?
Tùbo *m.*	*ital.* Rohr, *an T. verstian* nichts verstehen
Tùchent *s.*	Zudecke
Tuffo *m.*	*ital.* Kopfsprung, **tuffiern** kopfüber springen

Tufl *m.*	Kartoffel, zu viel *„måchn dumm und kriegerisch"*
Tuifelemåler *m.*	Fassadendekormaler
Tuifl-Tuifl!	allerhand!, erstaunlich!
Tuk *m.*	*jmd. an T. ùntien* jmdm. mit Absicht etwas antun
Tull *m.*	Widder
tùllet	stumpf
Tulljè *m.*	euphorischer Rausch
Tulln *m.*	Delle
Tùmet *m.*	Stallmist
Tùmian *m.*	Dummer
tumln	sich beeilen
tùmm-tìen	sich unvernünftig verhalten, sich blöd anstellen
Tùnder *m.*	Donner
Tùnklmauser *m.*	Duckmäuser, Schleicher
Tupf *m.*	junger Knabe
tupfn	koitieren
Turtn *m.*	Mehlspeise
Tusch *m.*	Zusammenstoß
tuschn	scheppern, **zåmmtuschn** gegeneinanderschlagen, zusammenstoßen **tùschn låssn** ungehemmt ausleben
Tuta *w.*	*ital. >Toni,* Drillich
Tùterle *s.*	Tüte, Kindertrompete
tutschn tìan, t.giahn	schlafen legen, zu Bett gehen
Tùttlen *w.*	Brüste, **tuttln** saugen
Tùttnkraxn *w.*	Büstenhalter

*'s **T** håt tùm getùn genùe,*
*'s **U** heb **un** mit sein Getùe*

U

Uàsch	Abfluss, Ausguss
überhàps	ungefähr, über den Daumen
überhàschpln	übereilig verrichten
überreißn	verstehen, durchblicken
überschi	nach oben
ùm-a	ungefähr, gegen, *ùm-a finfe* gegen siebzehn Uhr
umanånd	herum
Ùmas *w.*	Ameise
umasùscht	vergebens, selten umsonst
ùmer	herüber, herum
ùmereiern	herumnörgeln
umerfitzlen	kleinliches Herumwerken
ùmergurkn	herummurksen
ùmerstrùzn	hin und her zerren
ùmervöglen	nutzlos herumwerken, ungeschickt arbeiten
Ùmgång *m.*	Bittgang, Prozession
ùmgiehn	sich herumtreiben
ùmi	hinüber
ùmifnètschn	hinüberspicken, -schleudern, auch **ùmikètschn** Jugendjargon
umìgl	unmöglich
umihebn	betrügen

ùmilåssn	übergeben (den Ball), herüberreichen
umilupfn	>*umihebn*
umischaugn	hinübersehen
umiwärts	nach drüben
umlegen, òan	jmdn. killen
ùmmen	hinüber
ùmmenhaun	hinüberwerfen
ùmmer	vorbei, herüber
ùmmerdruckn	nicht die Wahrheit sagen wollen, drumherumreden
ùmmereiern	herumnörgeln
ùmmerhuckn	herumsitzen, nichts tun
ùmmerpassn	erwarten (seit Stunden)
ùmmerplern	jammern
ùmmerweibern	andauernder Minnedienst
ums Årschleckn	beinah
umsuscht	gratis, vergebens, umsonst
umweibern	Meinung wechseln
ùneiern	anlegeln, belästigen
ùnbandlen	flirten, anmachen, ein Verhältnis beginnen
ùndrahnen, òan eppes u.	jmdm. etwas aufschwätzen
une wern	loswerden
ùnfoaln	anbieten, feilbieten
ungessner	nüchtern (Magen)
ungfressn	angewidert
ùngiahn	beginnen, *ùngiahn tuets di?* was kümmert's dich?

unglaich ungerade, unterschiedlich

ùnglufn anheften

Ùngricht *s.* Zustand, Vorrichtung

ùngsoffn vollgesogen, angetrunken

ùngstochn angeheitert, leicht berauscht

ùnhaun jmdn. angehen, anpumpen

ùnheben anfangen, anhalten, fortdauern

Uni Bozen *w.* letzte Chance, um einen Doktortitel zu erlangen

unig (werden) loswerden, verlieren

Union für Südtirol Heimatpartei mit Plumpsklo; auf einem Werbeplakat der UfS wurde der ital. Staat als >*Haisl* dargestellt, Prozess und Freispruch

ùnkemmen Feuer fangen, entzünden, einen Streit beginnen

ùnkentn anzünden

ùnklokkn anklopfen

ùnlag leicht abfallend od. ansteigend

ùnlegen bekleiden

ùnschaugn ansehen, prüfen, betroffen machen *„es sig-mi-ùn!"*

ùnscheißn, si sich ängstigen

ùnschiffn anpinkeln, **si u.** sich köstlich amüsieren

ùnschnårrn jmd. grob anreden

ùnsechn betroffen machen

un sein anstehen, nicht mehr weiter wissen

ùnstiefln anstiften

unteng	nicht so übel, nicht ungeschickt
Unterakzètn *w. Mz.*	*von ital. sottaceti* Essiggemüse von Leifers bis Salurn
unterer Wind *m.*	nachmittäglicher Südwind
Untermol *s.*	zweites Frühstück
unterüberschi	kopfüber
untnìnni	untenhinein
Urschl *w.*	einfältiges Frauenzimmer

*'s **U** isch **uhne u** gebliebn*
*'s **V** hat's sowiso vertriebn*

V

Valier, Max	Bozner, Erfinder des Flüssiggas-Raketenmotors. Sein früher Tod nahm den Südtirolern die Möglichkeit, als Erste den Mond zu betreten
Vallazza, Markus	Grödner Künstler, der mehr radiert als zeichnet. Was bleibt, ist in einer zweibändigen Werkausgabe und in der Wiener Albertina zu sehen oder in Dantes Göttlicher Komödie
vèglfochn	verbotenerweise Vögel fangen
velàuter	vor lauter
Verbàle *m.*	*ital*. Polizeiprotokoll
verbàndeln	zusammenführen
verdàitschn	deutlich machen, *wörtl*. verdeutschen, auch *àudaitschen*
Verdràhnter *m.*	verdrehter, falscher Mensch
verdrìeßn	traurig sein, trauern
verficket	verhunzt, verzwickt
Vergèlt's Gott	Dankeschön, Fußraster am Bauerntisch
vergìgglen	irre werden
verglàgglt	versäumt, verschlampt
verhèern	verwüsten

verhòanaggln	verhohnepipeln
Verkindzettl *m.*	Informationsblatt der Kirche, Pfarrblatt
verkripfn	sich verschlucken
verkugln	abstürzen, hinfallen
verlàcklen	vertrödeln, versäumen
verliefern	wegschicken
verluhr gian	verloren gehen
verplèmpern	vergeuden
verpòppeln	verwöhnen
verputzn	im Nu aufessen, *net v. können* nicht ausstehen können
verràmen, oane v.	abräumen, jmdn. begatten
versèchn	die Letzte Ölung erteilen
Versl *s.*	Gedicht
verståndn, **i hån mi net v.**	ich habe mich nicht entsonnen
Verstèckelus *s.*	Versteckspiel
versùmpfn	in Alkohol untergehen, *im* *Bermuda-Dreieck v.*
vertschèppern	verkaufen, billig hergeben
vertùtteln	>*verplempern,* versäumen
verwùrsteln	verlegen, verschlampen
verwùzelt	zerknittert
verzàpfn	daherreden
verzàrn	wegziehen, verführen
verzupf di!	verschwinde!
Vèschpa *w.*	populärer Motorroller, **Vèschpele** V 50 ccm

Viechdokter *m.*	Tierarzt
viechn	rasen
virschi	vorwärts
Virschuss *m.*	Dachvorsprung
Virtele *s.*	Mindestweinmenge zur Mahlzeit
Virwitzig	neugierig
Vinobàrden *m.*	Bacchusjünger
Vinosàurier *m.*	reine Weintrinker, Profis
Vinschgau *m.*	neusüdtirolerische Beschneidung des Vintschgaues
Vìntschgerle *s.*	Brotspezialität aus demVintschgau
Violètter *m.*	Mensch mit vom Trinken gerötetem Gesicht
Vögele *s.*	roter Tiroler Adler, Tirols Wappenvogel
Vògelesalåt *m.*	Feldsalat
Vogelweide, v. d. Walther	südlichster Minnesänger des Mittelalters, steht als Denkmal mit Blick nach Süden auf dem Bozner W.-Platz, jenem Dantes mit Blick nach Norden auf dem gleichnamigen Platz in Trient in die Augen schauend
Volksmeinung *w.*	wird durch die >*Volkspartei* geäußert, für diesen Service wird ein jährlicher Mitgliedsbeitrag kassiert
Volkspartei *w.*	Südtiroler Einheitspartei, Mehrparteiensysteme werden als

	Bedrohung für die Demokratie empfunden
volle	sehr viel, *i hon di volle gearn*
Völser Brèatl *s.*	typisches Roggenbrot aus Völs am Schlern
vòrfeartn	vorletztes Jahr
vorzua	der Reihe nach

*'s **V** verdruckt si zu'n an Gagele,*
*zsåmm mitm **W** då wurats glått a **W**agele*

W

wachtlen	winken, fuchteln
Wadl *m.*	Unterschenkel
waffankul	*ital.* Aufforderung zum Verschwinden
wåffròaner?	was für einer?
Wàgele *s.*	Wägelchen, *I wer a W.!* ich bin platt!
waggs	schnell, flink
Wagònbrems *w.*	Langweiler(in)
wahnen	wehen, Schneewehen
Waißes Kraiz *s.*	traditionsreicher Südtiroler Gasthausname, Südtiroler Rettungsdienst, beide überlebenswichtig
waislen	ausmalen von Räumen
waitergezèggert	weitergezogen
Wål	Bewässerungskanal im Vintschgau
Wàlia *m.*	*ital. vaglia* Posterlagschein
Wålken *m.*	Fensterbrett
Wålker *m.*	Wolljacke
Wålmschloss *s.*	Vorhängeschloss
walsch	welsch, italienisch *W.-er* Italiener, *in der W.* in Italien
Wămpm, *m.*	Kuhmagen, Kutteln, Bierbauch (Gösser-Muskel)
Wandl, *s.*	Wasserbehälter beim bäuerlichen Holzherd

Wüelischer

wantln unsicher gehen
Wäschklupp *w.* Wäscheklammer
Waschtl *s.* Ohr
wàssern gießen
Wasserwåsser *s.* Wasser zum Bewässern
Wàtele *s.* Entlein
wàtelen *>pflanzen, „I låss mi fo dir net wàtelen!*
wåtschelen Boccia spielen in Kaltern, *>Gagg*
Watschn *w.* Ohrfeige, **watschnbettlen** sich ohrfeigenwürdig benehmen
Watschngfries *s.* unsympathischer Gesichtsausdruck
Watten *s.* populäres Kartenspiel mit Varianten: *Blind-W., Kritisch-W.* mit und ohne *Buono* und *Buonissimo, >Bessere!*
wåtzlen zappeln, zucken
Wàudl m. Staubfussel, Staubwedel
wax schnell, sofort
waxln Skier wachsen
wèarl wehrhaft
wèarn dauern
wegenbrumm? weswegen?
Wèggen *m.* Laib Brot, **Wèggele** *s.* gleich, nur kleiner
Weiberer *m.* Playboy
Weibermensch *s.* Frau im Allgemeinen
weichn weihen
Weichprum *m.* Weihwasser

weiln	während
Weimer *m.*	Traube(n), **Weimerle** Traubenkern, >*Sultanine*
weisch?	nobelboznerisch für *woasch?*, weißt du? >*Grüß-dich-Bozner*
Weisset, in W. gian	einem Neugeborenen ein Geschenk bringen
Weißer *m.*	Weißwein, *Weiß->Gspritzter* harmlosere Variante
weiß-rot	Südtiroler Landesfarben, erinnern an Räucherspeck
wèllener?	welcher? Berühmte Antwort auf Touristenfrage nach dem Namen eines Berges
welgn	rollen, eintunken
Welli *w.*	Jokerkarte beim >*Watten*
welln	wollen, die Absicht haben
Werchtig *m.*	Wochentag
wern	werden, **ferwèrn** verderben
werscha?	wirst du?
Weschp *w.*	Wespe
Wetter *s.*	Gewitter, **wettern** schimpfen
Wetterhex *w.*	verwitterte Alte
Wetterlòater *w.*	Blitzableiter
wètzen	schärfen, schnell laufen, koitieren
wiach	fett, dick
Wickl *m.*	Komplikation
widln	unruhig sitzen
wiff	schlau, raffiniert

wiggl-wåggl	unstabil, wackelig
wimmen	weinlesen
Wìmmerle *s.*	kleine Pustel, Mitesser
Windbeitl *m.*	Wendehals
windig	unzuverlässig, hintertückisch, *„a windiger Hund“*
Wìndischer *m.*	Slowene
Winker *m.*	Fahrtrichtungsanzeiger
winterlienig	winterlich
Wintèrn *m.*	Laterne, Windlicht
Wìre *w.*	hölzerne Wasserrinne
wirsch	arbeitswütig, versessen
Wirtschaft, polnische	unübersichtliche Betriebsorganisation
Wisch *m.*	Dokument, Schrieb, Zettel, Hieb
wischen	jmdm. Hiebe verpassen
wischen	frauliches Urinieren
Wischpele	Trillerpfeife, Vagina
wischplen	flüstern, pfeifen
Wissengschaftler *m.*	Spezialist und Arsch in einem, das Wort stammt von Wielander Hans, Humanist, Ästhet und Herausgeber der Kulturzeitschrift „Arunda“
Wix *m. Mz.*	Schläge, Hiebe, *Ez. Wixer*
Wixleintuech *s.*	Matratzenschutz
woach	weich
Woad *w.*	Weide
wòadle	geschwind
woasch?	weißt du?

woffra	welche, welcher?
wo-geahschn-hin?	quo vadis?
Wöhlele	Trinkspruch *Zum W.*
Wolf *m.*	Schließmuskelentzündung (N.B.: der junge Hitler wollte „Wolf" statt Adolf heißen!)
wolfl	preiswert, wohlfeil
wölggn	rollen, wälzen
Wolkenstein, v. Oswald	einäugiger Liedermacher und Weltenbummler aus dem Hochmittelalter, wohnhaft auf Burg Hauenstein unterm >*Schlern,* jährlich im Juni der *O.- v.- W*-Ritt in Völs, Seis und Kastelruth
woll	*affermativ* ja! *dubitativ: w. sell?* schon? sicher? *woll, woll* sehr wohl!
woll-du!	allerhand!, erstaunlich!
Wòllros *w.*	Alpenrose
wòltan	ziemlich
wòmpet	dick
Wòngole *w. Mz.*	*ital.* Venusmuscheln
Wòrbe *m.*	Holzstab, Sensenstiel
wörtln	mit Worten streiten
Wòtscher *m.*	Ziegenböcklein
Wousn *m.*	Rasen
Wousnhottl *w.*	Kröte
wuadl	schnell

Wùdele *s.*	furchterregendes Schnappviech beim >*Egetmann* in Tramin
Wüelischer *m.*	Maulwurf
wüetlen	wüten, toben
Wukumprà *m.*	*ital. -neapolit. wörtl.* „Willst du kaufen?" schwarzafrikanischer Wanderhändler, zum Unterschied vieler Verkäufer weißer Hautfarbe stets freundlich
Wunder *s.*	Verwunderung, *nimmt mi W.* es wundert mich
wundrig	neugierig
wurln	wimmeln
Wurm *m.*	Schlange
Würschtl *s.*	Brühwurst, Schwächling
Wurschtler *m.*	unordentlicher Mensch
wurzn	betrügen
Wuschl *m.*	Busch
wùsern	hastiges, dafür unordentliches Arbeiten
Wùzele *s.*	Knöllchen, Baby
wùzlen	Zigarette drehen, Röllchen drehen
Wùzltabak *m.*	Selbstdrehtabak

*'s **W** geaht jez wohin der Taifl will*
*'s **X** bleib nimmer **x**-beliebig länger still*

X

Xander	Alexander
Xangl *s.*	anspruchsloser Gesang, mit Musik nicht verwandt
Xångsverein *m.*	Liederkranz
Xindl *s.*	Gesindel, Pöbel
xottn	gekocht, gebrüht
Xundheit!	Glückwunsch beim Niesen

*'s **X** wünscht **X**undheit und a långes Leben,*
*'s **Y**, des derfats eygentlich net geben*

Y

Yhr *w.*	altes Hohlmaß für Wein, 1 Yhr = 12 >*Patzeilen* = 78,2 l *Yhren ist menschlich*
yò-yò	bedächtiger Südt. Zustimmungslaut, chinesisches Geschicklichkeitsspiel

*'s **Y** häts net gråd teyflisch ernscht genummen,*
*'s **Z** kimmp ze gueter Lescht, gånz ungezwungen*

Z

za	zu
zach	zäh, widerstandsfähig, arg, schlimm, besoffen
Zache *w.*	Träne
zàggete!	hops!
Zåggler *m.*	ungebildeter, schlampiger Mensch
Zahndl *s.*	Milchzahn
Zahndlen *s. Mz.*	Milchzähne, Zahnradzähne
zåhnlucket	zahnlos
zainen	Zäune errichten
zaiserscht	zuäußerst
zåmm	zusammen
zåmmgiehn	schrumpfen, sauer werden (bei Milch)
zåmmkemmen	sich treffen, sich einigen
zåmmengmaust	vervögelt
zåmmgebn	prügeln, raufen
zåmmleppern	zusammenkratzen, reichen
zåmp	mitsamt
zåmmpikn	zusammenkleben
zåmmtaiflen	beschimpfen, zusammenstauchen
zåmmwåxn	in Streit geraten
zan	zum
Zapfl *s.*	Zäpfchen, *„mir geaht's Zapfl auf hundert"* ich hab unheimlich Schiss

Zåpfn *m.*	Rausch
Zapin *m.*	*ital.* Spitzhacke
zàren	ziehen, zerren
Zàrtele *s.*	leicht verletzbarer, feingliedriger Mensch
zàschpern	nervöses Getue
zaschpm	rascheln
zàssern	sich abmühen
Zatn *w.*	Alpenrosenstrauch
zàttlen	verstreuen, Mist *zàttlen*
zawòs	wofür
Zèach *m.*	Zehe, **Zèachnkas** Hygieneproblem, kein Molkereiprodukt
Zebedäus *m.*	Penis
Zècker *m.*	Korb
Zehnmålgschaider *m.*	Neunmalkluger
Zeisele *s.*	Zeisig
zekkn	streiten, necken
Zèlten *m.*	Bozner Weihnachtsgebäck aus Feigen, Pinoli und kandierten Früchten
zèm	dort
Zent *m. Mz.*	Zähne, *„wo sein meine Zent?“* wo liegt mein Gebiss?
Zenz	Vinzenz
Zenzi	Senta, Kreszenzia
zerbàzlen	zu Klümpchen zerkleinern
zernègern	verwüsten, ramponieren
zerscht	vorher

zerwùzlen	zerknüllen
Zettn *w*	Hecke
Zibeben *w. Mz.*	Rosinen
Zìecher *m.*	Rausch
Zìechgoaßl *w.*	Knallpeitsche
Zìechorgel *w.*	Ziehharmonika
Zìechpferggl *w.*	Heuschlitten
zieglen	aufziehen
Zìger *m.*	stark riechender Ziegenkäse, Geheimwaffe der >*Bergler*
Ziggl *m.*	Tiefbrunnen
Zigbla *w.*	Zikade
Zigòri *m.*	*ital.* Zichorien-, Löwenzahnblatt-salat
Zilli	Cäcilie
Zimbl *s.*	Tragbutte für Viehfutter *u. Ä.* >*Zumme*
Zimmerer *m.*	Zimmermann
zinderst	zuunterst, ganz hinten
Zinglöggl *s.*	Totenglöcklein
Zìnzala *s.*	ein winziges Stückchen im Ober-etsch
zio! *m.*	*ital. wörtlich:* „Onkel“ Exklamationsgrundlage für versch. Attribute z.B.: „;-kane“ Hund, „;-porco“ Schwein, „;-flip“ usw., die Tante hingegen geht leer aus
Zipf *m.*	Nachprüfung

Zipfl *m.*	Zipfel, Penis, **Zipflschwinger** Exhibitionist
Zirm *m.*	Zirbelbaum, Arve, Rausch
Zìschtl *s.*	Körbchen, **Nanzischtl** *s.* Nähkörbchen
zìtzlwais	kleinweise
ziwås?	wofür?
Zìzipee *w.*	*ital. cicisbeo* Kohlmeise
znåcht	abends
znicht	böse
zöbrigscht	zuoberst, obenauf
Zoachn *s.*	Zeichen
Zoagr *m.*	Zeiger
Zoch *m.*	Grobian
Zochn *m.*	Docht
Zoder *w.*	Sehne
Zoderer, Joseph	Südtiroler Schriftsteller, der sein *Glück beim Händewaschen* fand, verlegt bei Hanser und Raetia
zòmtetschn	zusammenstoßen, zusammendrücken
Zornpinkele *s.*	leicht erzürnbares Wesen, Hysteriker
zörrn	lauthals schreien
Zottln *w. Mz.*	Haarsträhne, **zottelet** ungekämmt
zrugg	zurück
zùa, zùa sein	geschlossen, das Stadium der Volltrunkenheit erreicht haben
Zùagroaster *m.*	Zugezogener, gilt mindestens bis zur 3. Generation

zuakearn	einkehren, besuchen
Zùalucker *m.*	Abschlussgetränk
zùaluckn	zudecken
zuanåchtn	dämmern
Zùckerle *s.*	Bonbon
zùebi	hinzu
zuebiglùschtn	nach etwas gelüsten, jmdm. beim Essen zusehen, auch **zùebipòfn**
Zùebiziàcher *m.*	scherzhaft für Fernglas
zùetìen	schließen
zufleiß	absichtlich
zùi, zùin	hin zu
zùimochn	sich einschmeicheln, anbiedern
zùintuschn	an-, hinstoßen, kollidieren
zùitian	dazutun
Zull *m.*	Maikäfer
Zulln *m.*	Rausch
Zullnsåft *m.*	Maggi-Suppenwürze
Zùmme *w.*	Tragbehältnis zur Weinlese
zùmpern	ungeduldig drängeln
Zùschpele *s.*	*musik.* Pfeife
Zussl *w.*	verwahrloste Alte
zùzeln	saugen, nuckeln *aus-z.,* trinken
zwågnen	wöchentliche Körperhygiene am Samstag; *„Teifl, jezt muass i hoam die Alte òwaschn, weil znåcht kimmt sie òaner ùnschaugn"* (Südt. Machospruch am Samstagabend)
zwås?	wofür? warum?

zwegnbrùmm?	warum?
zwerch	schräg
Zweschb *w.*	Pflaume, **Zwèschbeler** *m.* Schwarzbrandspezialität aus Barbian **Zwèschbmfilla** *w.* Zwetschgenmarmelade
zwickn	kastrieren
zwìder	störrisch, zuwider
Zwìderwurz *w.*	störrischer Rechthaber
zwiefln	necken, piesacken
Zwiefl *m.*	Zwiebel
Zwiesl *s.*	Astgabel
zwìtschern	zuflüstern, trinken
zwui ?	warum?

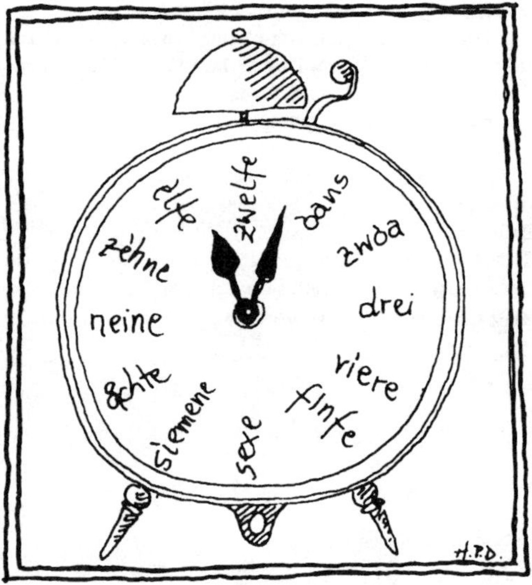
zwelfe
oans
zwoa
drei
viere
finfe
sexe
siemene
achte
neine
zehne
elfe
H.P.D.

ålls zu spåt…

Fürs Einsagen danke ich herzlich:

Albin, Alex, Armin, Barbara, Bertha, Carlos, Christine, Christoph, Dagobert, Dieter, Doris, Eli, Emanuel, Emmerich, Ernst, Franz, Franzi, Gabriela, Gabriele, Georg, Germana, Gert, Giancarlo, Ginti, Gottfried, Gregor, Gudrun, Gustl, Harald, Heini, Helene, Helmut, Hermann, Hugo, Hubert, Irene, Jul, Klaus, Leo, Lesley, Lies, Litsch, Luis, Luisl, Lukas, Maet, Manfred, Maria, Margareth, Markus, Martin, Max, Monika, Norbert, Otmar, Paul, Peppi, Peter, Reinhold, Richard, Rosmarie, Rudi, Sabine, Sepp, Sybille, Tobias, Ulrich, Walter und allen unfreiwilligen Stichwortgebern.

Dankbar bin ich auch jenen, die mir bei der Erweiterung dieses Wörterbüchleins helfen wollen, Einsendungen bitte an:

Edition Raetia, 39100 Bozen, Weintraubengasse 23
Fax 0471/976908
info@raetia.com

Grafik und Layout: Hanspeter Demetz
Druck: Varesco, Auer

3. überarbeitete und erweiterte Ausgabe
Auflage: 10.000

ISBN 978-88-7283-303-2